들꽃,
나도 너처럼
피어나고
싶다

들꽃, 나도 너처럼 피어나고 싶다

들풀교회 달팽이 목사가 들려주는 들꽃들의 따듯한 이야기

초판 1쇄 발행 2014년 2월 25일
초판 2쇄 발행 2014년 3월 13일

쓰고찍은이 김민수
그린이 김지원, 이한신, 김하솔
꾸민이 서민경
펴낸이 홍원규
펴낸곳 너의오월
주소 서울시 마포구 월드컵북로 2길 65(동교동 157-1), 5층 515호
출판등록 2011년 12월 8일 제25100-2011-340호
전화 070-7393-2393
팩스 02-6280-2894
홈페이지 www.yourmay.kr **이메일** editor@yourmay.kr

가격 책값은 뒤표지에 있습니다.
ISBN 978-89-967917-9-9 03480

* 잘못 만들어진 책은 구입하신 서점에서 교환해 드립니다.

독자 여러분의 아이디어와 원고를 기다립니다. 책으로 펴내고자 하는 아이디어가 있으면 간단한 개요와 취지, 연락처를 이메일(editor@yourmay.kr)로 보내주세요.

이 도서의 국립중앙도서관 출판시도서목록(CIP)은 서지정보유통지원시스템 홈페이지(http://seoji.nl.go.kr)와 국가자료공동목록시스템(http://www.nl.go.kr/kolisnet)에서 이용하실 수 있습니다.(CIP제어번호:CIP2013025336)

들꽃,
나도 너처럼
피어나고
싶다

너의
오월

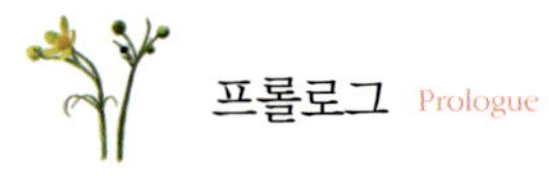

프롤로그 Prologue

봄, 여름, 가을, 겨울 사계절이 뚜렷한 나라에서 사는 것이
얼마나 행복한 일인지요.

봄이면 겨우내 흙에서 쉬던 초록의 생명이 하나 둘 기지개를 켜는 모습을 볼 수 있고, 여름이면 시원한 바다나 계곡에 몸을 담글 수 있고, 추수의 계절 가을이면 알알이 영그는 열매들을 맛보고, 겨울이면 하얀 눈을 맞으며 눈싸움도 하고 눈사람도 만들 수 있는 우리나라는 참 아름다운 곳입니다.

이렇게 아름다운 곳에서 계절마다
자기의 때를 기억하고 피어나는 꽃들이 있습니다.

아무렇게나 피어나는 것이 아니라 저마다 피어나는 순서가 있고, 피어나는 꽃마다 꼬박 일 년의 시간을 준비합니다.
한번 피면 어떤 꽃은 100일 동안도 피었는가 하면 어떤 꽃은 아침나절에 피었다가 저녁이 되기 전에 시드는 꽃도 있습니다.
어떤 꽃은 눈을 녹이고 피어나는 꽃이 있는가 하면 서리만 맞아도 시들어 버리는 꽃이 있지요. 따뜻한 햇볕을 좋아하는 꽃이 있는가 하면 그늘을 좋아하는 꽃도 있습니다. 그뿐 아니라 바다를 좋아하는 꽃도 있고 바위를 좋아하는 꽃도 있고요. 물을 좋아하는 꽃이 있는가 하면 모래밭을 좋아하는 꽃도 있습니다. 꽃의 색깔과 향기가 저마다 다르듯이 피어나는 곳과 계절도 다릅니다.
같은 꽃이라도 피어나는 곳이 다르면 색깔도 향기도 다릅니다.

만약 모든 꽃의 색깔과 향기가 똑같다면 어떨까요?

참 재미없을 겁니다. 서로 다른 색깔과 다른 향기를 가지고 있으니 꽃밭이 아름다운 것이지요. 사람들도 생김새만 다른 것이 아니라 좋아하는 것도 다르고, 잘하는 것도 다릅니다. 잘하는 것이 있는가 하면 잘하지 못하는 것도 있지요. 그걸 차이라고 합니다.
꽃들의 서로 다른 차이가 예쁜 꽃밭을 만들어가는 것처럼 우리도 서로 다른 점들이 있어 아름다운 것입니다. 차이는 있되 차별이 없는 자연, 우리네 세상이 자연의 순리를 따른다면 차별 없는, 더불어 삶을 살아가는 아름다운 세상이 될 것입니다.

만약 봄이 와도 꽃이 피지 않는다면 이 세상은 얼마나 삭막할까요?

아마도 그런 세상이라면 사람도 살 수 없을 것입니다.
그러나 안타깝게도 우리 사람들의 욕심 때문에 주변의 꽃이 하나 둘 사라지고 있습니다. 사람 없이 그들은 살 수 있지만, 그들 없이 사람은 살 수 없는데 우리는 그들에 대해 너무 무관심합니다. 무관심하다 보니 감사할 줄도 모릅니다. 그런 무관심 속에서 우리의 곁에서 영영 떠난 후에야 소중한 것이었음을 깨닫게 된다면 얼마나 불행한 일일까요?

살면서 여러분은 얼마나 많은 꽃을 만났는지,
얼마나 기억하고 있는지 궁금합니다.

꽃을 안다는 것은 이름만 안다고 아는 것이 아니지요. 이름을 안다고 어떤 사람을 전부 아는 것이 아닌 것과 마찬가지겠지요. 좋아하는 사람이 있으면 그 사람에 대해서 자꾸만 궁금해지고, 친하게 지내다 보면 전에 알지 못하던 것들을 알게 되고, 그러면 더 친해지는 경험을 한 적이 있을 것입니다. 꽃의 세계도 그러합니다. 그렇게 꽃에게 다가가면 그들은 우리에게 다가와 말을 겁니다. 그들과 두런두런 이야기를 나누다 보면 그 작은 꽃 한 송이가 품은 신비의 무게가 적지 않다는 것을 알게 됩니다. 모든 꽃은 빈틈없는 우주적인 관계 속에서 피어납니다. 그러므로 꽃 한 송이의 무게는 우주의 무게와 다르지 않습니다. 꽃 한 송이에, 낟알 한 알 속에 온 우주가 들어있는 것이지요.

이 책을 읽으시는 분들이 조금이라도 우리 강산에 피어나는 꽃에 대해서 관심을 갖고, 친해지는 계기가 되었으면 좋겠습니다.

이전에 〈내게로 다가온 꽃들 1, 2〉를 통해서 100가지 꽃을 소개한 바 있습니다. 그러나 출판사의 사정으로 절판되어 시중에서 그 책을 구할 수 없게 되었습니다. 과분하게도 독자분들이 그 책을 다시 볼 수 있기를 바라는 메일을 많이 보내오셨습니다. 그럴 욕심이 없는 것은 아니었지만, 소개한 100가지 꽃 중에서 추리고 추려 독자들이 직접 만나 이름을 불러주었으면 하는 소망을 담고 30가지를 선별하여 다시 정리하고, 사진도 바꾸고, 그림도 바꿔 이 책을 여러분 앞에 내어놓게 되었습니다.

특별한 감사를 드리고 싶은 친구들이 있습니다.

그림을 그려준 풀무학교 친구들입니다.
김지원, 이한신, 김하솔.
갓 피어난 들꽃처럼 아름다운 친구들입니다.
그림을 그리며 행복했을 것이라 믿습니다.
그 작업들이 아름다운 학창시절의 꿈으로 남길 바랍니다.

한 장 한 장 읽어가다 보면 이미 만났던 꽃도 있고,
처음 보는 꽃도 있을 겁니다. 그리고 책을 읽고 나서 우리 주변을
살펴보면 이 책에 소개되지 않았더라도 이전에는 보이지 않던 꽃들이
보이는 경험을 하게 될 것입니다. 작은 꽃들이 들려주는 수많은
이야기를 마음이 깨끗한 사람들은 들을 수 있습니다.
꽃을 만날 때마다 "나도 너처럼 피어나고 싶다"는 말을 건넵니다.
단지 그들이 예쁘기 때문만이 아닙니다.
때론 상처입고 피어난 꽃이라고 할지라도 그러합니다.

이 책을 두 손에 든 모든 분이 꽃처럼,
그렇게 피어나시길 바랍니다.

2014년 봄을 기다리는 계절에
김 민 수

목 차 Contents

목 차 Contents

POTENTILLA FRAGARIOIDES VAR. MAJOR

01

나는 내 삶을 피워낼 뿐입니다

양지꽃

'양지'의 반대말은 '음지'입니다. 음지는 그늘진 곳이고 양지는 햇살이 잘 드는 곳이니 '양지꽃'은 양지에 피는 꽃입니다. 양지꽃은 이른 봄 햇살이 잘 드는 산과 들, 주로 길가나 언덕에서 노란 꽃을 피웁니다. 노란 꽃들이 활짝 피어 따뜻한 햇볕을 바라보는 모습을 보면 노란 병아리들이 봄나들이 나와 엄마 닭을 쫓아 종종거리며 따라다니는 모습을 보는 것 같습니다.

꽃 이름을 몇 개나 알고 있는지요?

꽃 이름을 하나 둘 세어가면서 꽃 모양을 상상할 수 있는 꽃들이 몇 개나 되는지요?

물론 꽃 이름을 줄줄 외운다고 해서 꽃에 대해서 잘 아는 것은 아닙니다. 그저 이름을 안다고 다 아는 것도 아니고, 사랑하는 것도 아닐 테니까요. 저도 꽃의 세계로 빠져들기 전에는 이름을 아는 꽃은 손으로 꼽을 정도밖에는 되지 않았습니다. 그 몇 가지 꽃 중에는 양지꽃도 들어 있었습니다.

아주 어릴 적에 봄이 오는 동산에서 뛰어놀다 보면 노란 양지꽃이 지천이었습니다. '양지에 피어 양지꽃!' 하며 외운 탓인지 꽃 이름을 잘 알지 못할 때에도 양지꽃만큼은 기억하고 있었던 것입니다. 게다가 봄나물을 뜯으러 다닐 때 양지꽃의 연한 이파리도 뜯어서 된장국에 넣어 먹으면 참 맛있었습니다. 그때는 '쇠시랑개비'라고 해서 다른 꽃인 줄 알았는데, 그게 양지꽃의 다른 이름이기도 하더군요. 어릴 적 들판에서 흔하게 만나기도 했지만, 맛난 봄나물이기도 했으니 양지꽃이라는 이름을 기억하고 있었던 것 같습니다.

저는 나이 마흔이 되던 해에 아무런 연고가 없는 제주도로 이사를 했습니다.

어느 봄날, 새벽에 일찍 일어나 산책을 하는데 길가의 양지바른 꽃에 노란 양지꽃이 피어 있었습니다.

"와, 양지꽃이다!"

그런데 생각해 보니 어린 시절 동산에서 뛰어놀 때 양지꽃을 본 후로 양지꽃을 본 적이 없습니다. 햇수를 세어보니 많게는 삼십 년, 적어도 이십 년은 더 된 것 같았습니다. 바쁘게 살다 보니 주변에 무슨 꽃이 피든 지든 관심도 없었던 것이지요. 걸어가던 길을 다시 돌아가 양지꽃이 피어 있는 곳을 가만히 살펴보니 세상에, 양지꽃만 있는 것이 아니라 이런저런 작은 봄꽃들이 주변에 함께 피어 있었습니다. 대부분이 가만히 앉아 고개를 숙여야만 보이는 작은 들꽃들이었습니다.

갑자기 정신이 멍해지더군요.

내가 양지꽃을 잊고 살았던 그 긴 세월 동안 양지꽃은 그 자리에서 피고 짐을 반복하고 있었던 것입니다. 누가 봐주지 않아도, 예쁘다고 칭찬해주지 않아도 봄이 오면 어김없이 그 자리에서 피어났던 것이지요. 내가 그를 잊고 살아가던 동안도 말입니다.

사람들은 누가 칭찬해주거나 인정해주면 으쓱해지고 칭찬을 받으려고 더 열심히 합니다. 인정받고 싶다는 마음이 나쁜 것은 아닙니다. 인정을 받으면 그만큼 또 열심히 살아갑니다. 인정해주는 만큼 그 사람의 크기도 달라진다고도 합니다. 그래서인지 누구도 칭찬해주지 않고 알아주지 않으면 힘이 빠집니다. '아무도 알아주지 않는데 열심히 하면 뭐하나?' 이런 생각이 들기도 하고 '잘못 사는 것은 아닌가?' 하는 생각이 들기도 하지요.

그런데 양지꽃은 그렇지 않았습니다. 누가 자기를 봐주지 않아도 자기 안에 있는 자기의 모습을 다 피워낸 것이지요. '보든 말든 나는 내 삶을 살아가겠다'는 것이지요. 양지꽃을 보면서 '이렇게 사는 것이 정말 멋진 삶'이라는 것을 알았고, 자연스러운 삶이란 무엇인지 깨닫게 되는 계기가 되었습니다.

그리고 꽃에 대해서 하나 둘 알아가다 보니 어떤 꽃은 재미있는 전설도 있고, 어떤 꽃은 꽃말도 있더군요. 이름도 그냥 아무렇게나 지은 것이 아니라 꽃의 특징을 딱 잡아내서 지었습니다. 화원에서 만나던 원예종이나 외래종 꽃들은 이름이 어려워서 아무리 외우려고 해도 금방 까먹었는데 우리 들꽃들의 이름은 그냥 한번 들으면 쏙쏙 머리에 들어오는 겁니다. 얼마나 신기하던지요.

양지꽃의 꽃말은 '봄이 왔다'입니다.

그렇습니다. 양지꽃이 필 무렵이면 꽃샘추위가 남아있긴 하지만 완연한 봄입니다. 양지바른 곳에 노랗게 피어나 '봄이 왔다!' 소리치는 꼬맹이들을 보는 것 같아서 얼마나 예쁘던지요.

양지꽃을 만난 후로 산책할 때마다 풀섶을 살펴보는 버릇이 생겼고, 풀섶에는 그동안 보이지 않던 꽃들, 혹은 오랫동안 잊었던 꽃들이 하나 둘 보이기 시작했습니다. 꽃을 보면서 천천히 살아도 내게 주어진 삶의 시간은 다르지 않으리라 생각했습니다. 내게 주어진 시간을 살아가는 것이라면, 숨 가쁘지 않게 주변의 아름다운 것들을 만나 두런두런 이야기를 나누며 살아가는 것도 의미 있는 삶이라 생각했습니다. 그런 것들에 눈길조차 줄 틈 없이 바쁘게 살아가는 것이 더 행복한 삶이라 할 수 없다는 것도 알았습니다. 그 작은 깨달음이 '꽃을 찾아 떠난 여행'의 시작이었습니다.

이 여행을 통해서 들꽃들이 들려주는 이야기들을 듣기도 하고, 그들에게 말을 걸어보기도 했습니다. 그러나 언제나 그들이 내 말을 들어주고, 내게 이야기를 들려주는 것은 아니었습니다. 마음이 깨끗하다고 느껴지는 그 순간에만 그들은 내 말에 귀를 기울여주고, 내게 말을 걸어왔습니다. 그들에 대해 알면 알수록 더 사랑하게 되고, 사랑하니까 이전에 보지 못하던 것들도 보게 되는 행운도 덤으로 얻었습니다. 꽃을 만나면서 도시생활에 익숙하던 생활도 바뀌고, 생활이 바뀌니 사람도 달라졌고, 가치관도 달라졌습니다. 나름대로 어떻게 사는 것이 행복한 삶인지 가닥을 잡기도 했지요. 그리고 그렇게 천천히 숨 가쁘지 않게 살았더니 늘 바쁘게 살던 때보다 더 풍요로운 삶이 덤으로 주어졌습니다. '나와 너'가 동시에 행복해지는 삶을 살아가게 된 것이지요.

평생 변하지 않을 친구, 언제든지 다가가면 손을 맞잡아 줄 들꽃 친구를 만난 것, 그것은 아주 큰 행운이었습니다. 저에게 그 첫 걸음은 '양지꽃'이었습니다. 이 책을 통해서 마음속에 들꽃 한 송이를 품고 살아가는 분들이 많아졌으면 좋겠습니다.

02

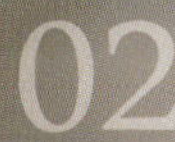

그 소녀의 이름도 얼굴도 기억나지 않지만

제비꽃

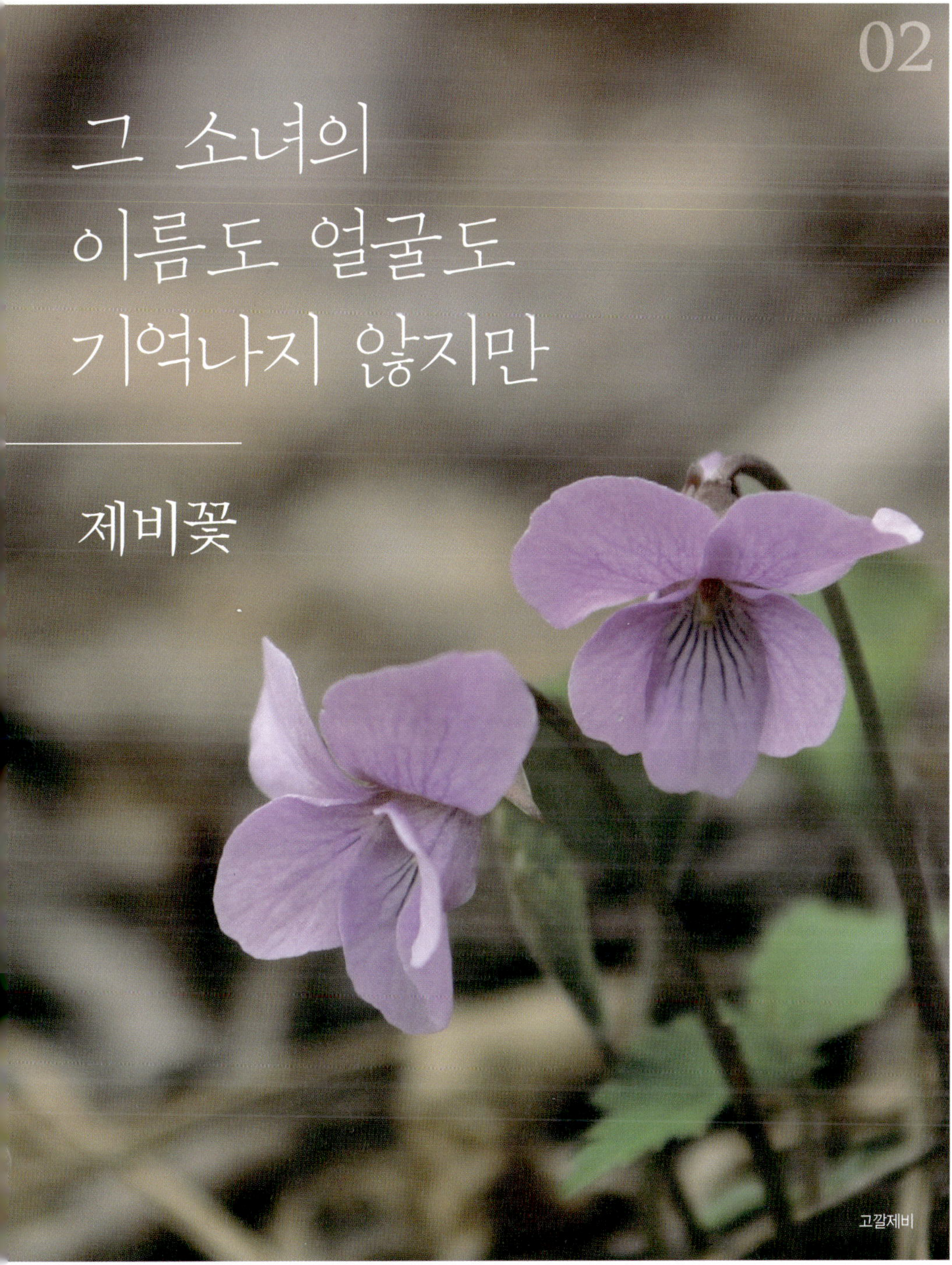

고깔제비

'양지꽃'이라는 이름은 햇살 바른 양지에 피어나서 붙여진 이름이라고 했습니다. 그렇다면 '제비꽃'이라는 이름은 어떻게 붙여진 것일까요?

'제비'는 〈흥부와 놀부〉라는 전래동화에 나오는 새라는 것을 잘 알고 있을 것입니다. 강남 갔던 제비가 돌아올 무렵에 피어나는 꽃이라 해서 '제비꽃'이라는 이름을 얻었습니다. 물론 그때 피는 다른 꽃들도 많지만, 특별히 꽃의 생김새가 날렵한 제비를 닮았다고 해서 '제비꽃'이 된 것이지요.

그렇다면, 두견새가 울 무렵에 피는 꽃의 이름은 뭘까요? 그렇습니다. '두견꽃(화)'이랍니다. '진달래'의 다른 이름이기도 하지요.

여러분도 어릴 적, 이름 말고 별명도 하나쯤은 있었지요?

졸방제비

그것처럼 제비꽃은 다른 이름도 가지고 있는데 반지꽃, 오랑캐꽃, 씨름꽃, 장수꽃, 외나물꽃, 병아리꽃, 참 많기도 합니다. 이 중에서 '반지꽃'은 꽃반지를 만들기가 쉬워 아이들이 꽃반지를 많이 만드는 꽃이라서 붙여진 이름일 것이고, '오랑캐꽃'은 이 꽃이 필 무렵에 오랑캐가 쳐들어와서 지어진 이름이거나 혹은 꽃의 모양새가 마치 오랑캐의 머리채와 같아서 붙여진 것이라고도 합니다. '병아리꽃'은 따스한 봄날 양지를 찾아 삐약거리며 어미 닭을 따라다니는 병아리를 연상했기에 붙여진 이름일 것입니다.

예쁜 꽃반지를 만들 때 제비꽃처럼 간편한 것이 없었습니다.

꽃의 뒷부분을 살짝 잘라내고 기다란 줄기를 꼽아 손가락에 맞게 당겨주기만 하면 예쁜 꽃반지가 되었거든요. 그렇게 꽃반지를 만들어 누님들에게도 끼워 주고, 투박한 어머니의 손가락에도 끼워 주고, 콩닥콩닥 뛰는 마음으로 짝사랑하던 소녀에게 얼굴을 붉히며 끼워 주던 기억이 납니다. 이름도 얼굴도 기억나지 않는 소녀 생각에 지금도 여전히 마음이 콩닥콩닥 뛰는 것을 보면 아름다운 추억은 쉽게 사라지는 것이 아닌가 봅니다. 지금도 제비꽃을 만나면 꽃반지를 만들어 사랑하는 아이들과 아내의 손가락에 끼워 주곤 한답니다.

제비꽃의 어린 순으로 봄나물을 먹기도 했는데 어머니에게 "이것도 먹어요?" 하니 "그래, 단오 전에 푸른 것은 거의 다 먹어도 된단다." 하셨습니다. 푸르고 연한 이파리들을 살짝 데치면 약간 시큼한 듯한 풀내음은 뭐라 표현할 수 없는 고향의 맛이었습니다.

알록제비

제비꽃의 종류와 색깔은 여러 가지인데 어느 색이든지 요란하지 않고 화려하지도 않습니다. 수줍은 듯 살포시 고개를 숙이고 있어서 더욱 그런 느낌을 받는지는 모르겠지만, 참으로 소박한 꽃입니다. 꽃 중에는 이렇게 살포시 고개를 숙이고 피어나는 꽃들이 많지만, 아주 어릴 적부터 아예 고개를 숙인 형상으로 피어나는 꽃은 그리 많지 않은 것 같습니다. 그렇게 고개를 숙이고 피어나서인지 제비꽃의 꽃말은 '겸손'입니다.

제비꽃의 꽃말과도 같은 겸손한 사람이 필요한 시대에 우리는 살고 있습니다.

스스로 낮아짐으로 높아지는 아름다움이 사라진 시대를 살아가고 있어서 많은 사람들이 낮아짐으로 높아지는 사람을 그리워하고 있는 것이지요. 여러분이 그런 사람이 되어보면 어떨까요?

노랑제비

서울에 살 때 산행을 하다 하얀 제비꽃이 피었기에 한 포기를 슬쩍 캐다가 화분에 심은 적이 있습니다. 그 제비꽃은 엄청나게 퍼졌는데 이상한 것은 꽃을 보기도 전에 씨앗이 맺혀버리는 겁니다. 알아보니 '자가수정'을 한 것입니다. 자가수정은 곤충에게 의지하지 않고 스스로 씨앗을 만드는 방식인데, 아마도 자기가 살던 곳에서 강제로 뿌리가 뽑혀 옮겨진 뒤에 자기를 방어하는 기제가 강력하게 발휘된 까닭이 아닌가 싶습니다.

그래도 아쉬움이 남아 제주도로 이사를 할 때 하얀 제비꽃 몇 포기를 가져다 정원에 심었습니다. 그 제비꽃은 제주도로 이사하고 4년째 되던 해에 하얀 꽃을 보여주었고, 그제야 그 꽃이 제비꽃 중에서는 유일하게 향기가 있다는 '남산제비꽃'이라는 사실을 알았습니다. 그 이후로 꽃은 자기가 뿌리를 내리고 피어난 곳에서 피어나는 것을 가장 행복해한다는 사실을 알았고, 나만 보기 위해 캐오고 싶은 욕심에서 벗어날 수 있었습니다. 꽃은 그가 피어난 자리에 있어야 가장 아름답고 행복한 법입니다.

남산제비

남산제비

노랑제비

제비꽃 씨앗에는 '엘라이오솜'이라는 물질이 붙어 있습니다. 젤리 같은 것인데 개미가 아주 좋아합니다. 개미는 이것을 먹으려고 제비꽃 씨앗을 통째로 옮기고 다 먹으면 개미집 바깥으로 내다 버립니다. 개미집 입구에 수북하게 쌓인 고운 흙을 본 적이 있으실 것입니다. 그 속에 제비꽃 씨앗이 있을지도 모릅니다. 개미집은 대체로 흙 속에 있습니다. 도시에 사는 개미들은 아스팔트나 콘크리트의 틈을 잘 이용해서 집을 만들곤 하지요. 가끔 아스팔트나 콘크리트 틈에 핀 제비꽃을 만난 적이 있을 겁니다. 그 이유를 알겠지요?

자연은 우리에게 쉼을 주고, 평안을 주고, 행복을 줍니다.

특히 긴 겨울을 털어내고 봄을 맞이하려는 사람들에게는 더 큰 기쁨을 줍니다. 겨울은 상징적으로뿐만 아니라 실재로도 '고난'의 계절입니다. 고난을 이겨내고 피어난 꽃 한 송이에 감동하고 행복해하는 이유가 여기에 있습니다. 저 작은 꽃 한 송이가 어떤 고난 속에서 피어났는지 상상하고, 그들의 고난이 나의 고난과 다르지 않다는 동질감을 느끼고, 나도 그들처럼 고난을 이기고 꽃을 피우리라는 마음, 그것이 공감입니다. 미래의 시대는 공

감의 시대라고 말합니다. 사람들끼리만 공감하는 것이 아니라 이 세상에 존재하는 모든 것들과 공감하는 시대가 될 때 인류는 희망을 볼 수 있을 것입니다. 지금껏 우리는 공감하기보다는 서로 경쟁하는 관계로 세상을 대하도록 배웠습니다. 경쟁의 대열에서 뒤처지면 실패자가 된다는 적자생존, 약육강식의 가설을 진실처럼 믿고 살았던 것입니다. 들풀, 들꽃의 삶을 바라보면 충분히 더불어 살아갈 수 있음을 봅니다.

늘 그 자리에 있었던 꽃들.

그냥 바쁘게 살아갈 때에는 보이지 않았는데 조금 천천히 걸어가면서 허리를 낮추고, 눈을 낮추고 보니 그 이전에 볼 수 없었던 아름다운 세상이 펼쳐집니다. 그 아름다움에 흠뻑 빠져들어 그들과 눈높이를 맞추고, 때로는 그들보다 낮은 자리에서 그들을 올려다보며 흙과 하나 되는 나의 몸은 행복이라는 깊고 그윽한 삶의 한 부분을 발견할 수 있었습니다. 그 행복을 여러분들도 느낄 수 있길 소망합니다.

허리를 낮추는 사람들에게만 보이는 꽃이 있는 것처럼.

이 세상의 아름다운 사람, 아름다운 일들도 허리를 낮추는 사람들에게만 보이는 법입니다. 그것을 볼 수 있는 사람이 진정 행복한 사람들이지요. 그 행복은 먼 곳에 있는 것이 아니라 우리 주변에 있습니다. 그것을 볼 수 있는 맑은 눈은 누구에게나 주어졌지만, 모두가 맑은 눈으로 세상을 바라보지 않습니다. 여러 가지 이유가 있겠지요. 너무 바쁘거나, 이기적인 욕심에 빠져 있거나, 삶이 너무 아프거나,… 누구라도 맑은 눈으로 꽃을 바라보면 꽃들이 행복해서 "안녕!" 하고 인사를 할 겁니다.

VIOLA MANDSHURICA

03

처녀치마, 마음껏 바라보세요

처녀치마

'절제'라는 꽃말을 가진 처녀치마는 백합과의 꽃으로 주름치마처럼 생긴 통꽃들이 고개를 숙인 듯 피어나 '처녀치마'라는 이름을 얻었습니다. 꽃을 가만히 살펴보면 옆으로 살짝 돌아서 수줍게 웃는 시골처녀의 모습을 연상케 합니다. 인물사진을 예쁘게 담으려면 살짝 옆모습을 담아주면 좋은데 처녀치마는 바로 그 모습이지요. 처녀치마는 치맛자락풀, '성성이치마'라고 부르기도 하는데 꽃 모양만 주름치마를 닮은 것이 아니라 사철 푸른(상록) 이파리도 치맛자락을 닮았습니다.

그런데 치마면 치마지 왜 '처녀'라는 말을 붙였을까요?

홍난파 선생님이 작곡한 노래 중에서 "봄처녀 제 오시네 새 풀 옷을 입으셨네~"로 시작하는 〈봄처녀〉라는 노래를 아실 것입니다. 봄과 처녀는 서로 잘 어울리는 이미지라서 시나 노래에 많이 사용되곤 합니다. 한 짝인 셈이지요. 봄과 처녀, 처녀와 봄은 애인 같은 사이입니다. 응원가로 잘 알려진 〈아리랑 목동〉에도 보면 "꽃바구니 옆에 끼고 나물 캐는 아가씨야~" 하는 가사가 나오거든요. 나물은 주로 봄에 캐는 것이고, 아가씨하고 처녀는 같은 말이라고 보면 되니까 역시 봄하고 처녀는 잘 어울립니다. 게다가 치마는 여성들이 주로 입는 것이니 이른 봄에 피어나는 치마를 닮은 꽃에 '봄'의 이미지하고 가장 잘 맞아떨어진다고 생각하는 '처녀'를 넣어주어 '처녀치마'가 된 것이 아닐까요? '아줌마치마', '할머니치마', 좀 이상하잖아요.

처녀치마의 꽃은 주로 보랏빛으로 피어나지만 드물게 흰 꽃이 피는 것도 있습니다. 꽃이 핀 후 꽃줄기는 길게 자라는데 어떤 것은 30cm까지도 자랍니다. 마치 늘씬한 아가씨의 다리를 보는 것 같지요. 줄기가 이렇게 길게 자라는 것은 씨앗을 멀리 퍼뜨리기 위한 꽃의 지혜랍니다. 그냥 예뻐 보이기 위해서 길게 자라는게 아니라는 것이지요. 초라해 보이는 꽃들조차도, 다 이유가 있어 초라한 모습을 간직하고 있습니다. 그것이 그에게는 삶에 대한 최선의 방식이기 때문입니다.

처녀치마와 처음으로 만났던 봄이었습니다.

겨울은 여느 겨울보다 추웠으며 봄은 더디게 왔습니다. 추운 날씨 탓에 처녀치마가 피어나긴 했는데 줄기는 보이지도 않습니다. 추위(고난)의 흔적은 유난히 짙은 보랏빛 꽃에 새겨졌더랍니다. 집에서 제법 먼 곳이었지만, 보고 싶은 마음에 다음 날 다시 그곳을 찾았지요.

그런데 그녀는 흔적도 없이 사라져버렸습니다. 누군가 캐간 것이지요. 인간의 소유욕이란 무엇인지. 아마도 그 사람도 그 꽃을 보고 예쁘다고 생각했겠지요. 그리고 그 꽃이 그리 흔한 꽃이 아니라는 것도 알았을 것입니다. 그 정도의 앎, 그 정도의 사랑은 사랑이 아닙니다. 그렇게 어설픈 사랑은 사랑이 아닙니다. 꽃은 피어난 자리에 있을 때 가장 아름답습니다.

꽃들의 피고 짐을 보노라면
사람들의 삶과 다르지 않음을 본다.
화려한 봄꽃들의 행렬 속에서
초라해 보일 수도 있는 작은 꽃들
그러나
비교하는 법 없이 절망하지 않고
피어나는 꽃
그래서
꽃은 행복하다.

동물이 눈물을 흘리는 것을 본 적이 있나요?

사람들은 애써 외면하려고 하지만 감정이 있는 모든 동물은 희로애락을 느끼고 그것을 표현합니다. 어릴 적 도살장으로 끌려가는 소를 본 적이 있는데 그 큰 눈에 눈물이 그렁그렁 맺혀 있었더군요. 언젠가 차에 치여 죽은(로드 킬) 새끼 곁에서 울부짖는 새를 본 적도 있었는데 그것은 큰 충격이었습니다. 그런데 동물들만 이렇게 감정을 느끼는 것이 아니라 식물도 마찬가지랍니다. 단지 우리 사람들이 알 수 없는 언어로 말하고 느끼고 표현하는 방식이 다를 뿐이지요.

꽃들의 피고 지는 모습을 가만히 살펴보면 사람들의 삶과 그리 다르지 않다는 것을 금방 알게 됩니다. 예쁜 꽃이 있는가 하면 못 생긴 꽃도 있고, 향기가 좋은 꽃이 있는가 하면 향기가 나쁜 꽃도 있습니다. 물론 사람의 관점에서 그렇습니다. 어떤 꽃은 일 년 내내 수고하여 한나절 피었다 지는 꽃도 있고, 한 번 피면 100일 이상 피어 있는 꽃도 있습니다. 그러나 그들은 절대로 다른 꽃들과 자기를 비교하면서 불평하지 않고 자기가 가진 모습 그대로 피어납니다. 그래서 자연입니다. 사람들은 비교하면서 행불행을 느낍니다. 남과 비교하면서 행불행을 느끼는 단계를 벗어나는 것, 그것을 성숙한 인생이라고 말할 수 있을 것입니다.

처녀치마는 겨울이 막 끝나갈 무렵에 흰 눈을 녹이면서 피어납니다.

겨울에 이파리를 땅에 쫙 붙이고 조금이라도 햇살을 더 받으려는 처녀치마의 몸부림이나, 하얀 눈을 녹이고 피어나는 꽃을 보면 큰 힘을 얻게 됩니다. 꽃은 온몸으로 우리에게 이렇게 말하는 것입니다.

"이렇게 맨몸으로 추운 겨울을 보내고 꽃을 피웠잖아요.
아무리 어렵고 힘든 일도
참고 견디면 다 이겨낼 수 있을 거예요.
절망하지 말고 포기하지 마요."

처녀치마의 꽃말이 '절제'라고 했습니다.

절제는 하고 싶어도 적당한 선에서 참는 것을 의미합니다. 하고 싶은 대로 다 하면 좋을 것 같은데 그렇지 않습니다. 겨울을 준비하는 나무는 자기 몸에 있는 물을 내보냅니다. 가을에 나뭇잎을 하나 둘 떨어뜨리는 이유는 광합성작용을 하지 않으므로 더는 물을 빨아들이지 않으려는 신호입니다. 그렇게 나뭇잎을 하나 둘 놓아버리고 자기 몸에 있는 물을 최소한만 남겨두어야 추운 겨울에 얼어 죽지 않습니다. 만약 목마르다고 맘껏 물을 간직하고 있다가는 나무 세포가 얼어서 터지게 되고, 나무도 얼어 죽을 수밖에 없지요. 그래서 목이 말라도 봄이 오기까지는 목마름을 참고 견디는 것입니다. 그렇게 목마름을 잘 참고 견딘 나무는 봄이 되면 서둘러 새순을 내고, 다시 나무에는 물이 돌기 시작하는 것이고, 그 물이 돌고 돌아 푸른빛을 더하게 되는 것이지요. 이것이 겨울을 보내고 봄을 맞이하는 숲의 비밀입니다.

늘 푸른 이파리를 가진 처녀치마도 다르지 않습니다.

늘 푸른 이파리를 가진 처녀치마지만 내키는 대로 물을 빨아올리지는 않습니다. 절제하지요. 그래서 그 얇은 잎으로도 얼지 않고 겨울을 날 수 있는 것입니다. 땅에서 올라오는 열과 낮이 짧은 겨울날 따스한 햇볕을 충분히 받으려고 이파리를 땅에 쫙 붙이고 맨몸으로 겨울을 나는 것입니다.

이른 봄, 꽃을 피운 꽃들은 모두 이렇게 고난 속에서 피어난 것들입니다. 예쁘게 피어난 꽃들 속에는 고난의 과정들이 오롯이 들어있습니다. 그런 고난에도 굴하지 않고 꽃을 피워내었다는 것, 그래서 그들이 전해주는 이야기에 귀를 기울이다 보면 삶의 힘을 얻게 되는 것이지요.

HELONIOPSIS ORIENTALIS

04

봄이 와서 꽃이 피는지, 꽃이 피어 봄이 오는지

복수초

복수초(福壽草)는 '복 받고 오래 살라는 뜻'의 이름을 가진 꽃입니다. 얼음을 녹이고 피어나는 꽃이라 '얼음새꽃'이라고도 하고, 눈 속에 피어나는 꽃이라 하여 '설련화'라고도 하고 '눈새기꽃'이라고도 합니다. 일본에서는 새해 첫날 복을 비는 의미로, 선물하는 꽃으로 인기가 좋아 '원단화'라고도 합니다. '원단(元旦)'이 '설날 아침'이니 '설날 아침에 선물하는 꽃'이라는 의미로 붙여진 이름이겠지요.

복수초를 처음 만났을 때 이야기입니다.

긴 겨울이 가고 봄기운이 새록새록 감돌긴 하지만 아직 꽃샘추위가 남아있던 때였습니다. 한라산으로 가는 길목에는 아직 지난겨울 내린 눈이 쌓여 있었지요. 그런데 그 하얀 눈 사이로 노랑 꽃들이 옹기종기 모여 피어 있는 것입니다. 그 꽃을 카메라에 담으려는 사람들이 있어 무슨 꽃인가 물어봤습니다.

"복수초라는 꽃입니다."

꽃이 너무 예뻐서 독성이 있을 거라고 생각했습니다. 버섯이나 물고기 같은 것들도 화려하면 독이 많거든요. 이 꽃도 다르지 않으리라 생각하면서 혹시라도 복수초에 대한 전설이 있다면 어떤 여인이 한을 품고 죽어 복수하기 위해 피어난 꽃일 거라고 상상을 했더랍니다. 전설을 간직한 꽃들은 여성과 많은 관련이 있는 데다가 죽음과 관련된 슬픈 이야기가 많거든요.

세복수초

그런데 일을 마치고 집에 돌아와 식물도감을 찾아보니 내가 상상했던 것과는 전혀 다른 뜻이 있었습니다. 바로 앞서 이야기한 그대로입니다. 복수하기 위해서 피어난 꽃이 아니라 '복 받고 오래 살라'는 뜻이 있었으니 오해도 한참 오해한 것입니다. 꽃말을 찾아보니 '영원한 행복'이라고 합니다. 복수초에 대한 궁금증이 더 많아져 혹시 무슨 전설이 있을까 찾아보니 이런 전설이 전해지더군요.

북해도의 원주민 아이누족은 복수초를 '크론'이라고 한다. 옛날 그곳에 아름다운 여신 크론이 살았다. 아버지가 땅의 용신(토룡-편집자 주)에게 시집을 보내려 하자 크론은 사랑하는 이와 야음을 틈타 도망을 갔고, 화가 난 크론의 아버지는 끝까지 찾아내어 크론을 꽃으로 만들어 버렸다. 이 꽃이 바로 영원한 행복을 찾아가다 꽃이 되어 버린 크론, 곧 복수초이다.

그리스신화에 미소년 아도니스가 나온다. 아도니스가 산짐승에게 물려 죽어가면서 흘린 피가 진홍빛 복수초를 피워냈다고 한다. …<중략>… 복수초 또한 지하에서 살다가 봄이 시작되자마자 사랑의 이야기를 전하려고 지상으로 나온다는 것이다. 복수초는 피를 상징하기도 한다.

- 이유미의 <한국의 야생화> P.113 중에서

숲에 봄이 오면 키가 작은 풀꽃들이
앞을 다퉈 피어납니다.

만약 게으름을 떨었다가는 다른 풀들이 무성하게 자라 햇볕을 제대로 받을 수 없어 꽃을 피우지 못할 수도 있기 때문이지요. 그런데 참 신기한 것은 앞을 다퉈 피어나지만 자기의 순서를 어기며 피어나는 꽃은 없다는 사실입니다. 자기의 때를 기억하고 있다 피어나는 것이지요. 자기의 때를 안다는 것, 그것은 참으로 중요합니다. 자기의 때가 아닌데, 자기가 설 자리가 아닌데, 설치고 나서는 사람들을 보면 그리 아름다워 보이지 않잖아요.

세복수초

복수초는 꽃이 진 후에 이파리가 나오고, 이파리가 나오고 나서 얼마 되지 않아 흔적도 없이 사라져 버립니다. 꽃잎이 다 녹아버려 어디에 꽃이 피었는지조차 알 수 없습니다. 흙 속에 뿌리만 남아 있는 것입니다. 마치 오랜 세월 지하세계에 답답하게 갇혀 있다가 봄이 시작되자마자 서둘러 얼음을 녹이고 피어나 사랑의 이야기를 전하려고 부지런히 피어나는 것처럼 느껴집니다. 얼마나 부지런히 피어나는지 땀이 송골송골 맺히고, 그 열기에 얼음이 녹고, 얼음을 녹이니 봄을 불러오는 꽃이 되는 셈이지요. 봄이 와서 꽃이 피는 것이 아니라 꽃이 피니 봄이 오는 것, 그것이 맞습니다. 복수초는 봄을 불러오는 꽃입니다.

일본에서는 설날 아침에 복수초를 화분에 담아 선물을 한다고 했지요?

예쁜 꽃과 이파리가 남아있을 때에는 꽃의 존재를 알 수 있지만, 뿌리만 남으면 마치 죽은 것 같습니다. 그래서 사람들은 복수초가 죽었는지 알고 화분을 버리기도 하는데 봄이 오면 버려진 화분 속에서 꽃이 피는 경우가 많다고 합니다. 이것이 얼마나 놀라운 일입니까? 버려졌어도 포기하지 않고 피어나는 꽃, 한 해를 그렇게 살아가라고 복수초를 선물하는 것이겠지요.

복수초의 한해살이에서 땅속에서 보내는 시간과 봄날 꽃을 피우는 시간을 비교해 보면 땅속에서 보내는 시간이 훨씬 깁니다. 짧은 순간을 위해서 긴 시간을 인내하는 복수초의 마음을 읽을 수 있습니다. 또 겉으로 드러나는 것만 소중한 것이 아니라 보이지 않는 것도 중요한 것이라는 것을 알 수 있습니다. 많은 사람이 꽃의 아름다움과 향기에 대해서는 이야기를 많이 하지만 보이지 않는 뿌리에 대해서는 대체로 무관심합니다. 뿌리가 없으면 꽃도 있을 수 없는 법입니다. 보이지 않는 것들도 소중하게 생각할 수 있는 마음, 보이지 않는 것들도 볼 수 있는 눈을 가진 사람을 가리켜 넓은 마음을 가진 사람이라고 합니다.

성서에 보면 예수님이 눈먼 자를 고쳐주는 이야기들이 나옵니다.

많은 경우 육체적인 눈뜸에만 관심을 두지만, 육체적으로 눈이 먼 것보다 더 심각한 것은 마음의 눈이 먼 것입니다. 마음의 눈을 떠야 합니다. 마음의 눈을 뜨면 겉으로 보이는 것이 전부가 아님을 보게 됩니다. 이런 사람들이 세상을 살맛 나게 하는 것입니다.

보이는 것에 치중하는 세상에서 보이지 않은 속내를 소중하게 여기고 가꾼다는 일은 쉬운 일이 아닙니다. 그러나 그래야 합니다. 그런 사람이 아름다운 사람입니다. 그런 사람들이 있어 이 세상은 여전히 살만한 세상이요, 아름다운 세상입니다.

봄이 오면 꽃이 핀다고들 합니다.

그러나 어느 시인의 시어(詩語)처럼 꽃이 피어 봄이 오는 것이 아닐까요? 꽃과 봄, 이 둘은 별개의 것이 아니라 하나입니다.

보이는 것과 보이지 않는 것도 별개가 아니라 하나입니다. 겉으로 드러난 것은 누구나 봅니다. 그러나 겉으로 드러나지 않은 것은 누구나 볼 수 없습니다. 우리가 본다고 했을 때, 제대로 보았다고 말하려면 보이지 않는 속내까지 온전히 보았을 때 제대로 보았다 할 수 있을 것입니다. 너무 쉽게 겉으로 드러난 것만 보고 다 보았다 말하지 마십시오. 그것이 삶의 지혜입니다.

세복수초

05

못난 이름을 가진 꽃은 꽃이 아닐까요?

큰개불알풀꽃

꽃이라면 기왕에 예쁜 이름을 가졌으면 좋을 것 같고, 좋은 향기를 가졌으면 좋겠는데 꼭 그렇지 않은 것도 있습니다. 조금은 부르기 거북한 이름도 있는데 방가지똥, 계뇨등(닭똥), 며느리밑씻개, 노루오줌, 쥐오줌풀과 같이 이상한 이름들도 있지요. 그래도 이런 이름은 큰개불알풀꽃에 비하면 난 편입니다. 어떤 분들은 이름을 부르기가 거북하니 '봄까치꽃'이라고 부르자는 분들도 있지만 전 그냥 이 이름이 좋습니다.

좀더 깊이 들어가자면 '봄까치꽃'은 '봄까지꽃'이 잘못 전해진 것이 아닐까 추정됩니다. 1937년 조선박물연구회가 펴낸 〈조선식물향명집〉이 식물의 이름을 학문적으로 자리 잡게 한 시초인데, 당시 일본이 내선일체를 강조하던 시기였으므로 학자들이 일본식 이름을 따서 '개불알풀꽃'이라고 하였답니다. 해방된 후 1949년 박만규가 쓴 〈우리나라 식물명감〉에 '봄까지꽃'이라는 명칭이 처음 등장합니다. 일본 제국주의의 잔재를 청산하는 일들이 식물 이름에서도 시도되었던 것이지요. 대표적인 일본식 이름의 예는 꽃 이름에 '의'자가 들어가는 것들입니다. 꿩의바람, 범의귀 등이 그런 것들이지요. 봄까지꽃이든 봄까치꽃이든 저는 일반적으로 알려진 개불알풀꽃이라는 이름이 더 좋습니다.

왜냐고요?

꽃이 지고 열매가 맺히면 왜 그 이름이 붙었는지 명확하게 알 수 있거든요. '아, 그래서 이런 이름을 붙여주었구나!' 한번 열매만 보면 절대로 잊어버릴 수 없는 이름이기 때문이기도 하고, 서민적인 이름이라 여겨지거든요.

꽃 이름은 그냥 아무렇게나 붙여진 것이 아닙니다.

아주 오랫동안 관찰하면서 그 꽃의 특징을 가장 잘 나타낼 수 있는 것으로 이름을 지어주었지요. 꽃이나 열매 등 모양의 어떤 특징을 따라서 지어준 것은 큰개불알풀꽃, 개구리발톱, 족두리풀, 처녀치마, 초롱꽃, 붓꽃 같은 것들입니다. 어떤 향기가 나는지에 따라 붙여준 이름으로는 쥐오줌풀, 누린내풀, 오이풀 같은 것도 있고요. 피어나는 곳이 바닷가 주변이면 '갯'자가 많이 들어가고, 노란색 꽃이면 '금'자가 많이 들어가기도 합니다. 그래서 이름만 잘 이해해도 그 꽃의 특성이 어떤지 알 수 있는 경우가 많습니다. 우리 꽃의 이름을 하나 둘 알아가면서 감탄하는 것은 이름을 지어주신 분들의 눈썰미가 대단하다는 것입니다. 선뜻 이해가 안 되다가도 무릎을 치며 감탄하게 됩니다. 그래서 우리 꽃은 한 번 이름을 불러주면 여간해서는 잊혀지지 않습니다.

큰개불알풀꽃도 그 중 하나입니다.

그런데 이름이 좀 거북하다고 '봄까치꽃'으로 부른다면, 이름은 예쁠지 모르겠지만, 큰개불알풀꽃이라는 이름을 잃어버리게 되겠지요. 이름이 예쁜 것보다 많은 이들이 기억해 줄 수 있는 이름, 그 이름을 그들은 더 원하지 않을까요? 일제강점기에 붙여진 이름이라고 하여, 친일청산 어쩌고 하면서 굳이 봄까지꽃이나 봄까치꽃으로 불러야만 한다고 주장한다면 할 말은 없습니다.

큰개불알풀꽃은 이른 봄 양지바른 곳에
옹기종기 모여 피어나는 작은 꽃입니다.

그리 크지도 않은데 같은 개불알풀꽃의 종류 중에서는 제법 큰 편이라서 '큰'자가 붙었으니 억울할지도 모르겠습니다. '큰'자가 붙었다고 큰 꽃이라 생각하면 찾을 수 없는 꽃이기도 합니다. 이 꽃은 생명력이 아주 강해서 시골에서만 볼 수 있는 것이 아니라 도심 어디에서도 볼 수 있습니다. 초록 생명이 자랄 수 있는 곳이면 거의 어김없이 큰개불알풀꽃도 함께 피어나지요. 옹기종기 작은 꽃들이 피어 있는 모습을 보면 마치 하늘에서 별이 반짝거리며 빛나는 것 같아서 참 예쁜 꽃입니다. 게다가 색깔은 어떻고요, 흔하지 않은 파란 색 꽃입니다. 땅에 흐드러지게 피어난 푸른 별, 푸른 은하수를 보는 것이지요.

요즘 우리 아이들은 대부분 예쁜 이름을 가지고 있습니다.

그런데 옛날에는 꼭 그렇지 않았지요. 예전에 〈내 이름은 김삼순〉이라는 드라마가 인기를 끌었는데 '삼순'이라는 이름이 촌스러워, 주인공이 곤란한 일들을 당하는 내용이 등장하기도 했습니다. 그래서 이름을 바꿔보려고도 했지만, 우여곡절 끝에 자기의 이름을 당당하게 사용한다는 그런 내용이었습니다. 그런데 '삼순이'는 촌스러운 이름도 아닙니다. 그보다 더한 이름도 있었는데 '개똥이', '말똥이'라는 이름도 있었습니다. 그런데 그런 이름을 지어준 배경이 재미있습니다. 귀신들이 가까이하지 못하게 하려고 그런 이름을 지어주었다는 것입니다. 오래오래 살라고 붙여준 이름이지요. 그보다 조금 점잖은 이름으로는 '말자', '끝순이' 같은 이름도 있는데 남아선호사상 때문에 생긴 이름입니다. 이제 제발 딸을 그만 낳고 아들을 낳았으면 하는 바람을 담아 그런 이름을 지어주기도 했답니다.

아무튼, 예쁘지 않은 이름을 붙여준 이유 중 하나는 오래 사는 것과 분명히 관련이 있습니다. 그래서일까요? 큰개불알풀꽃은 생명력이 아주 강해서 어디에서든 피어납니다. 그런데 재미있는 것은 주로 사람들이 많이 걸어 다니는 길가나 밭에 피어난다는 것입니다. 조금은 미련해 보입니다. 밟히는 것도 모자라 잡초라고 뽑힐 텐데 길가나 밭 근처에 피어난다는 것이. 그런데 그것도 삶의 지혜랍니다.

큰개불알풀꽃은 키가 작은 꽃입니다.

그러니까 풀이 무성하게 자란 곳에서는 햇볕을 마음껏 받을 수가 없습니다. 다른 풀들과 경쟁이 되질 않는 것이지요. 경쟁하면 백발백중 지는 꽃입니다. 그러다 보니 사람들이 많이 다니는 길가가 좋은 겁니다. 길가에는 그래도 키가 큰 풀들이 적거든요. 밭은 어떨까요? 잡초취급을 당하며 뽑혀도 역시 다른 곳보다 햇살을 받기가 좋고, 뽑히는 속도보다 빨리 씨앗을 맺으면 계속 살아가는 데 지장이 없지요. 게다가 아무리 부지런한 농부라도 잡초를 다 뽑아낼 수는 없거든요. 우리가 흔히 '잡초'라고 부르는 것들은 생명력이 강하다는 특징이 있습니다. 다른 곳 다 놓아두고 논밭을 삶의 터전으로 삼고 살아가는 잡초, 미련해 보이지만 그것이 그들의 삶을 이어가는 지혜랍니다. 바닥에 온몸을 붙이고 피어나는 꽃이라 '땅비단'이라는 이름도 있더군요. 그 이름도 예쁘고 연관성도 있어 보이지만, 저는 여전히 개불알풀꽃이라는 이름이 와닿습니다.

여기서 잠깐, '잡초'라는 말이 나왔는데 엄밀하게 말하면 잡초는 하나도 없습니다. 사전적인 의미로는 '저절로 나서 자라는 여러 가지 풀'이라는 뜻이지만, 그것은 농사짓는 사람들의 처지에서 볼 때 그런 것이지 그들도 다 이름이 있고, 존재하는 이유가 있습니다. 사람들에게 유용하게 사용되는 것들은 귀한 대접을 받고, 그렇지 못한 것들은 대접을 받지 못하는데 사실 우리가 다른 식물에 대해서 아는 것은 그리 많지 않습니다. 그들에 대해 모르는 것이 더 많지요.

큰개불알풀꽃의 학명은 'Veronica persica'랍니다.

그런데 재미있는 것은 베로니카(Veronica)는 성경에 나오는 여성의 이름입니다. 이 속에 들어 있는 이야기는 무엇일까요?

예수님이 종교지도자들의 모함을 받아 십자가형을 선고받고 골고다 언덕으로 십자가를 메고 올라가고 있었습니다. 예수님의 온몸과 얼굴에는 피와 땀이 흘렀지요. 그 땀과 피를 '베로니카'라는 여인이 자신의 손수건으로 닦아 주었다고 합니다. 그러자 그 손수건에 예수님의 얼굴이 비치는 기적이 일어났다고 합니다.

봄 햇볕이 따스한 날 만나는 큰개불알풀꽃은 마치 하늘의 별이 땅에 박힌 것처럼 신비스럽습니다. 큰개불알풀꽃의 친척 중에는 그냥 개불알풀꽃, 선개불알풀꽃도 있는데 큰개불알풀꽃에 비하면 훨씬 작습니다. 그래서 꽃이 피어도 여간해서는 사람들 눈에 잘 띄지 않지요. 그러니까 그의 친척뻘인 개불알풀꽃보다는 꽃과 열매가 더 크니까 큰개불알풀꽃이 된 것이지요. 그런데 이렇게 작은 꽃들이 기특한 것은 누가 보아주지 않아도 자기 안에 가진 모습을 온 힘을 다해서 피워낸다는 것입니다. 이런 마음을 가지고 피어나는 꽃을 바라보는 사람들도 그 꽃의 마음을 닮을 것입니다.

06

젊어서도 할미, 늙어서도 할미

할미꽃

봄이 오는 길목 양지바른 동산이나 무덤가에서 흔히 볼 수 있는 꽃 중의 하나가 할미꽃이었습니다. 그런데 요즘은 주변에 동산도 없고, 시골이나 내려가야 무덤이 있는 동산을 만날 수 있는데다가 할미꽃도 이젠 사람들 곁에서 살기가 어렵다고 숨어버렸는지 잘 보이질 않습니다. 공동묘지가 조성되어 무덤은 많아도 사람들의 개발방식이라는 것이 본래 그 자리에 있던 것을 싹 밀어내고 개발하는 방식이라 할미꽃 같은 것들을 무덤가에서 만나기란 하늘의 별 따기가 되어버렸지요.

할미꽃은 흰색 털로 덮인 열매의 모습이 할머니의 흰머리 같아서 할미꽃이라는 이름을 얻었다고 합니다. 게다가 줄기도 구부정하게 구부러져 있어서 할머니의 굽은 등을 연상시킵니다. 옛날에는 할머니들이 일을 너무 많이 하는 데다가 적당하게 치료를 받지도 못해서 허리가 구부정한 분들이 많았습니다. 할미꽃은 '머리가 허옇게 센 노인'이라는 뜻이 있는 '백두옹'이라고 불립니다. 그러니까 백두옹은 할미꽃, 할미꽃은 백두옹인 것이지요. 그런데 신기한 것은 꽃을 피웠을 때에는 내내 고개를 숙이고 있다가, 꽃이 지고 백두옹으로 불릴 즈음에는 줄기가 꼿꼿해집니다. 꼿꼿하고 깐깐한 노인들을 보는 것 같기도 하지만, 그 마음은 그렇게 꼿꼿하고 깐깐하지 않습니다. 씨앗을 조금이라도 먼 곳으로 보내기 위한 배려지요.

할미꽃은 뿌리가 깊습니다.

그래서 할미꽃을 캐왔다가는 살리기가 쉽지 않습니다. 가장 좋은 방법은 할미꽃 씨앗을 뿌리는 것이지요. 할미꽃 씨앗을 구해서 어머님께 드렸더니 정성스럽게 화분에 싹을 틔우셨습니다. 아주 작은 싹일 때, 뿌리가 상하지 않게 하나씩 뽑아서 옮겨주었더니 어머니의 작은 화단이 할미꽃밭이 되었습니다. 작은 싹일 때에도 뿌리가 얼마나 긴지 냉이처럼 실한 뿌리가 족히 10cm는 되었습니다. 그러니 몇 해 동안 한 곳에 뿌리를 내리고 꽃을 피운 할미꽃의 뿌리는 무척이나 깊게 뿌리를 내렸을 것입니다.

이런 노래를 불러본 적이 있을 겁니다.

뒷동산에 할미꽃
꼬부라진 할미꽃
늙어서도 할미꽃
젊어서도 할미꽃

이 노래를 부르면서 할미꽃의 이미지를 상상할 수 있는 우리 아이들은 몇이나 될까 궁금합니다. 혹시라도 이 노래를 부르면서도 우리의 아이들이 할미꽃을 상상할 수 없다면 나들이하기 좋은 봄날 아이들과 시골의 양지바른 동산을 걸어보면서 할미꽃을 찾아봤으면 좋겠습니다.

할미꽃에는 할머니와 손녀의 슬픈 이야기가 전해져 내려옵니다.

그래서 꽃말도 '슬픔' 또는 '추억', '사랑의 배신'입니다. 아이들에게 들려주시라고, 구어체로 풀어봅니다.

어느 산골에 한 늙은 할머니가 두 손녀를 키우며 살아가고 있었단다.

할머니는 비록 늙었지만 두 손녀를 예쁘고 건강하게 키우기 위해 매일매일 허리가 휘도록 열심히 일했지. 큰손녀는 아주 예뻤지만, 마음씨가 나빴고, 작은손녀는 비록 얼굴은 못생겼지만, 마음씨가 비단결같이 고왔어.

어느덧, 두 손녀가 곱게 자라 결혼할 나이가 되었을 때 청혼의 대부분은 외모가 예쁜 큰손녀에게 왔단다. 큰손녀는 부잣집 아들과 결혼을 했지. 그리고 얼마 지나지 않아 작은손녀에게도 청혼이 들어왔는데 몹시 가난한 집으로 시집을 가게 되었어.

할머니는 부잣집으로 시집간 큰손녀와 살게 되었는데 구박이 너무 심해서 가난한 집으로 시집간 작은손녀를 찾아 나섰지. 그러나 기력이 다해 그만 작은손녀의 집에 당도하기 전에 죽고 말았어. 마침 할머니가 오신다는 소식을 듣고 기다리다 걱정이 되어 찾아가던 작은손녀가 할머니를 발견하고는 양지바른 곳에 묻어 드렸지. 그런데 겨울이 지나고 봄이 오자 할머니의 무덤가에 할머니를 닮은 꽃이 피어났단다. 그것이 할미꽃이란다.

참 슬픈 이야기입니다.

이 전설을 따라 '슬픔'이라는 꽃말을 얻게 된 것입니다. '추억'이라는 꽃말은 작은손녀가 무덤가에 피어난 꽃을 보면서 할머니와 지냈던 추억을 떠올렸음을 짐작할 수 있고, '사랑의 배신'이라는 말은 큰손녀를 떠올리게 합니다.

꽃에 관한 이야기나 꽃말은 대부분 구전되는 이야기들이 많은 편입니다. 입에서 입으로 전해지는 이야기(구전)다 보니 지역 혹은 나라에 따라 각기 다른 이야기와 꽃말이 전해지기도 합니다. 그러나 이름을 붙여줄 때 그랬듯이 이런 이야기들과 꽃말은 전혀 터무니없이 지어진 것이 아니라 세심한 관찰을 통해서 만들어진 것이라 이름을 들으면서 고개를 끄덕이듯, 꽃에 대한 전설이나 꽃말을 듣고도 고개를 끄덕이게 됩니다.

꽃말이나 꽃에 관한 이야기가 없는 꽃들도 많은데 상상력을 동원해서 만들어보는 것도 재미있을 것 같습니다. 꽃 이름이야 식물을 분류하는 데 사용되는 것이니까 우리가 맘대로 바꾸면 안 되겠지만, 꽃말이나 꽃에 관한 이야기야 상상력을 동원한다고 해도 큰 문제가 될 것 같지는 않습니다.

할미꽃 중에는 동강할미꽃이 있는데 동강 주변의 암벽에서 자라는 우리나라 특산식물입니다.

동강할미꽃은 보통 할미꽃들과는 다르게 줄기가 꼿꼿하고 꽃의 색깔도 변이가 많아서 다양한 색을 가지고 있어 인기가 좋습니다. 동강할미꽃이 피기 시작하면 그 꽃을 보려고 전국각지에서 꽃을 좋아하는 사람들이 동강할미꽃이 피어나는 동강으로 몰려옵니다. 그런데 안타까운 것은 그렇게 특이한 꽃이다 보니 수난도 많이 당한다는 점입니다. 일부 몰지각한 사람들은 자기만 보려고 살리지도 못할 꽃들을 마구 캐가기도 합니다. 꽃 사진은 같은 모델을 놓고 찍으면 같은 사진이 나올 확률이 높습니다. 그러다 보니 어떤 이들은 자기만의 작품을 간직할 요량으로 모델이 되어준 꽃을 꺾어버리기도 한답니다. 믿을 수 없는 이야기지만, 꽃에 대해서 뭔가를 아는 사람들이 순수한 마음을 잃으면, 그 앎은 독이 되어 꽃들을 해치기도 합니다. 꽃은 어느 곳에 피어도 그 자리에 있을 때 가장 아름다운 법입니다. 그곳에서 피었기에 수많은 이야기를 들려줄 수 있는 것입니다.

동강할미

어느 봄날 갈라진 콘크리트 사이로 민들레가 노란 꽃을 피운 것을 보고 얼마나 감동했는지 모릅니다.

그 꽃을 보면서 '이렇게 척박한 곳에서도 꽃을 피워내는데 아무리 어려운 일이라도 포기할 일은 하나도 없구나!' 하는 다짐을 하게 되는 것입니다.

꽃을 보면서 받는 느낌들, 이것이 삶의 힘이 되고, 자신의 삶을 돌아보게 하는 것이 바로 꽃하고 대화하며 살아가는 것이라고 할 수 있습니다. 대화라는 것이 꼭 말로만 할 수 있는 것이 아니지요. 말로 할 수 없는 수많은 언어가 이 세상에는 존재합니다. 자연을 향해 마음을 열면 자연이 들려주는 말이 들려오고, 마음을 열기 전에 보이지 않던 것들이 보이게 되는 법입니다. 공감이라고 이야기를 하지요. 새 시대는 공감의 시대라고들 합니다. 사람들끼리만이 아니라, 이 지구 위에 존재하는 모든 것들과 공감할 수 있을 때 더불어 삶의 시대가 도래할 것입니다.

들에 핀 꽃 한 송이를 찾아 아이들 손을 잡고
나들이하는 시간을 많이 가지십시오.

우리의 자녀가 그들과 공감하게 하십시오. 아이들이 그들과 공감하고, 그들이 들려주는 소리를 듣게 되면 그 아이들의 삶은 분명히 행복한 삶을 살아갈 수 있을 것입니다. 들꽃을 찾아 떠나는 여행, 그것을 통해서 우리는 이전에 보지 못했던 들꽃만 만나는 것이 아니라 그들이 들려주는 삶의 소리를 들을 것입니다.

PULSATILLA KOREANA

07

작은 꽃들이 먼저 피는 이유

바람꽃

만주바람꽃

바람꽃은 종류가 참 많습니다.

그냥 바람꽃도 있고 바람꽃이라는 이름 앞에 여러 가지 수식어들이 붙어 있는데 이런 이름들입니다.

바람꽃, 너도바람꽃, 나도바람꽃, 꿩의바람꽃, 만주바람꽃, 회리바람꽃, 홀아비바람꽃, 들바람꽃, 숲바람꽃, 쌍둥이바람꽃, 변산바람꽃….

이렇게 바람꽃이 많으니 그 이름만 불러줘도 시가 되고 노래가 될 것 같지 않은가요?

'바람꽃'의 학명은 '아네모네 나르시씨프로라(Anemone narcissiflora)'는 라틴어입니다. 식물의 학명은 라틴어로 쓰게 되어 있는데 바람꽃에는 공통으로 '아네모네'가 들어갑니다. 게다가 그리스로마신화에 나오는 '나르시스'라는 이름이 학명에 들어 있는데 어떻게 그 이름이 들어갔는지 그 이야기를 들어볼까요?

먼저 나르시스에 관한 이야기는 조금씩 다르게 전해지기는 하지만 전체적인 내용은 이렇습니다. 이 이야기도 아이들에게 들려주시라고 구어체로 풀어씁니다.

그리스신화에 나오는 나르시스는 제우스신의 양을 치는 목동이었단다.

그런데 이 소년에게는 한 가지 신탁(신이 사람을 매개자로 하여 그의 뜻을 나타내거나 인간의 물음에 대답하는 일)이 따라다녔는데 자신의 얼굴을 보면 불행해진다는 이상한 신탁이었지. 그러던 어느 날 목이 말라 물을 먹으려고 잔잔한 호수에 엎드리게 되었어. 아, 그런데 물속에는 너무도 아름다운 사람의 얼굴이 들어 있는 거야.

자신의 얼굴을 한 번도 본 적이 없으니 자신의 모습인 줄도 모르고 나르시스는 그 모습에 반해서 양 떼를 지키는 것도 잊고, 먹는 것도 잊고 물속만 바라보았단다. 이 모습을 본 제우스신은 자기의 양을 제대로 치지 않는 것에 화가 나서 꽃으로 만들어버렸어. 그리고 그 꽃의 이름은 수선화라고 전해진단다.

수선화는 머리를 숙이고 피어나 마치 나르시스가 물속에 비친 자기의 모습을 보는 것처럼 아래만 향하고 있단다. 그러나 수선화는 향기도 곱고, 꽃도 예뻐서 많은 사람의 사랑을 받는단다.

꿩의바람꽃

너도바람꽃

만주바람꽃

그러면 이제 아네모네의 이야기를 들어볼까요?

'아네모네'는 '바람꽃'에 공통으로 들어가는 학명이기도 한데 바람의 신 제프로스의 시녀였지. 그런데 바람의 신 제프로스와 시녀 아네모네는 서로 사랑하게 되었어. 이것을 질투한 제프로스의 아내 플로라가 아네모네를 꽃으로 바꿔버렸다는 이야기가 전해진단다.

그리고 이런 이야기도 전해진답니다.

꿩의바람꽃

미의 여신 아프로디테(비너스)가 아들 에로스(큐피드)가 가지고 있던 금 화살(사랑의 화살)에 상처를 입고 아름다운 소년 아도니스를 사랑하게 되었단다.

그런데 아도니스는 사냥을 좋아했어. 사나운 짐승들을 사냥하는 일도 좋아했는데 아프로디테는 늘 이것이 걱정이었어. 그래서 늘 곁에서 아도니스를 지켜주었지만 결국 전쟁신 아레스가 멧돼지로 둔갑하여 사냥 나온 아도니스의 옆구리를 찔러 죽여 버린단다. 전쟁신 아레스는 아프로디테의 애인이었거든.

너도바람꽃

또 다른 이야기로는 아프로디테가 자신이 목욕하는 모습을 우연히 본 에뤼만토스를 장님으로 만들었는데 그는 바로 아폴론의 아들이었단다. 화가 난 아폴론이 원수를 갚으려고 멧돼지로 등장했다는 이야기도 전해진단다. 아무튼, 아도니스가 멧돼지의 어금니에 죽은 것만은 확실하지?

변산바람꽃

아프로디테는 슬퍼하며 아도니스의 피에 신들이 마시는 술 넥타르를 뿌려 꽃으로 피어나게 했단다. 그 꽃 이름이 바로 '아네모네'란다. 아네모네는 그리스 말로 '바람'이라는 뜻이고, 바람이 불면 피었다가 바람이 불면 지는 짧은 생을 가진 바람꽃의 운명과도 연결되지. 그래서일까? 바람꽃의 꽃말은 '사랑의 괴로움', '비밀의 사랑'이란다.

세바람꽃

숲바람꽃

태백바람꽃

홀아비바람꽃

자, 그러면 바람꽃과 관련된 신화들을 모두 합해 볼까요?

공통점은 나르시스, 아네모네와 아도니스는 모두 아름다웠지만, 신의 저주를 받아 꽃이 되었다는 것입니다. 그리고 아프로디테의 이야기에서 자세하게 다루지는 않았지만, 미의 여신 아프로디테는 여간 바람둥이가 아니었거든요. 그래서 애인도 많았지요. 멧돼지로 둔갑해 아도니스를 죽인 전쟁신 아레스도 그 중 하나입니다. 결국, 아도니스도 신의 저주를 받은 것이나 다름없습니다. 아도니스의 죽음을 슬퍼한 아프로디테가 신들이 마시는 넥타르를 아도니스의 피에 부어 만들어진 꽃이 '아네모네'인데 공교롭게도 바람의 신 제프로스의 시녀 아네모네와 같은 이름이고, 목동 나르시스는 자아도취라는 꽃말을 가진 수선화의 기원이 되었으니 이 두 꽃의 아름다움이 합쳐진 것이 바람꽃이 아닐까요?

그러나 바람꽃의 삶은 짧기만 합니다. 이른 봄에 피었다가 봄이 다 가기도 전에 작은 바람에도 꽃잎을 날려버리고 맙니다. 작은 바람에도 흔들리고, 작은 바람에도 꽃잎을 날리는 여린 꽃이지요. 그러나 바람꽃은 그렇게 흔들리면서 피어나 봄을 엽니다. 그 가녀린 꽃들이 추운 겨울을 이기는 것이지요.

바람꽃은 실로 나르시스가 그랬듯이 스스로 모습에 홀딱 반할 만큼 예쁩니다.

종류마다 각기 다른 모습으로 순서대로 피어나지만, 공통점은 작고 연약하게 생겼으며, 이른 봄 꽃샘추위가 남아 있을 때 피어났음에도 활짝 핀 후에는 금방 아름다운 모습을 잃어버린다는 점입니다. 봄바람을 불어오게 하고, 봄바람 불어오면 지는 꽃이지요.

봄은 사계절 중에서 가장 짧은 계절입니다.

느낌상으로 그런지도 모르지만 봄이 왔다고 느끼는 순간 이미 여름은 코앞에 다가와 있는 경우가 많습니다. 숲에 연록의 이파리들이 하나 둘 피어나기 시작하면 앙상한 가지들 사이로 숲 낮은 곳까지 비춰주던 햇살의 기운은 더는 숲의 낮은 곳까지 내려오지 못합니다. 이때가 되면 눈을 녹이며 피어났던 작은 풀꽃들은 내년을 기약하며 긴 휴식의 시간으로 들어갑니다.

작은 풀꽃들이 봄에 서둘러 피어나는 이유는 이렇습니다.

연록의 숲이 되기 전에 부지런히 피어나야 햇살을 받을 수 있고, 나무 이파리보다도 먼저 꽃을 피우고 열매를 맺어야 또 다른 봄을 맞이할 수 있습니다. 그래서 작은 바람꽃은 이른 봄 얼음을 녹이며 피어나고 서둘러 우리와 작별을 하는 것입니다. 물론, 숲의 나무들도 그 작은 풀꽃들이 부지런함에 감탄하며, 온몸이 간질간질하지만, 그들의 열매 맺고 봄의 향연을 마칠 때까지 기다려 줍니다. 숲 속 낮은 곳의 풀꽃 향연이 끝나면, 더는 참을 수 없어 나뭇가지에 숨겨두었던 연록의 순이 튀어 오르듯 피어나는 것이지요. 그래서 봄(spring)입니다.

08

가장 아름다운 순간에 떨어지는 꽃, 동백

동백

꽃 몽우리가 올라오면 꽃이 피고, 꽃이 지면 열매가 맺히는 것이 자연의 순리입니다. 자연을 오래 관찰한 사람들은 자연의 일정한 순서들을 보면서 '자연스럽게 산다'라는 말이 무엇을 의미하는지 깨닫게 되었습니다. 흔히 "자연스럽다"라는 말을 하는데 그것은 바로 자연의 법칙, 순리를 거스르지 않는다는 말과 통하는 말입니다.

꽃 중에서 가장 아름다울 때 떨어지는 꽃이 있습니다.

대표적인 꽃 중 하나가 동백인데, 붉은 동백꽃이 수북하게 쌓인 동백나무 아래에 서면 붉은빛을 그대로 간직했음에도 떨어진 동백꽃을 만날 수 있습니다. 꽃이 떨어진 자리에는 동백열매가 맺히는데, 옛날에 할머니들은 머리에 쪽을 진 후 동백기름을 발라 비녀를 꽂곤 했었습니다. 우리들의 어머니 혹은 어머니의 어머니 때에는 흔한 일이었지만, 지금은 쉽게 볼 수 없습니다. 간혹 동백기름을 발라 쪽을 지고 비녀를 꽂은 할머니가 생각날 때가 있는데 그런 추억을 떠올리다 보면 어린 시절로 돌아간 것 같고, 어린 시절이 얼마나 행복한 시절이었는지 새삼 떠올리게 됩니다. 빨리 어른이 되고 싶다는 아이들을 만나기도 하는데 저는 될 수만 있다면 어린 시절로 돌아가고 싶습니다. 그러나 그 어

린 시절은 꽃처럼 벌어진 것이지요. 그 자리에서 청소년기, 청년기라는 꽃이 피어났고, 그 꽃이 떨어지면서 노년의 삶까지 맞이하는 것이겠지요. 그 한 과정마다 꽃이 지고 열매 맺는 과정입니다. 그러니 지나간 세월은 추억하되 아직 오지 않은 세월을 앞당기려고 하지는 마십시오, 그 어떤 시절을 살아가더라도 꽃이 진자리에 어떤 열매를 맺고 사는지, 또 어떤 꽃을 피울 것인지 기대하며 살아가십시오. 그러면 그 어떤 시절이라도 다 좋은 때고, 아름다운 때입니다.

동백꽃과 관련되어 전해지는 이런 이야기가 있습니다.

옛날 남쪽 나라 바닷가에 한 소년과 소녀가 사랑을 나누며 장래를 약속했단다.

그런데 어느 날 소년이 멀리 떠나게 되었어. 소녀는 소년이 돌아올 때까지 기다린다고 약속을 했고, 돌아올 때 동백나무 열매를 가져오면 동백기름으로 머리를 예쁘게 꾸미고 싶다 했지. 그러나 소년은 고향을 떠난 지 얼마 되지 않아 몹쓸 병에 걸렸고, 그런 몸으로 고향에 돌아가면 소녀가 반겨주지 않으리라 생각했어. 오랜 세월 동안 객지를 떠돌며 소녀를 그리워했지만, 병이 낫질 않아 고향에 돌아갈 수가 없었어. 이미 오랜 세월이 흘렀으니 소녀도 더는 그를 기다리지 않고 시집을 갔을 거라 생각을 했지.

한편, 소녀는 소년이 떠나고 매일 바닷가 언덕에 올라 먼바다를 쳐다보면서 소년이 오기만을 기다렸단다. 그러나 소년에게서는 아무 소식도 없었고, 마음만 졸이던 소녀는 그만 숨을 거두게 되었단다.

소년은 이제 자기의 삶이 얼마 남지 않은 것을 알았어. 소년은 죽기 전에 소녀의 얼굴을 먼발치에서나마 한 번 보고 죽으리라 생각하고 고향으로 돌아왔지. 고향으로 돌아와서야 소년을 기다리다 소녀가 죽었다는 것을 알게 되었어. 소년은 소녀의 무덤으로 달려가 통곡을 하고는 고향에 오면 소녀에게 전해주려고 몇 해 전부터 모아두었던 동백나무 열매를 소녀의 무덤가에 뿌리고는 멀리멀리 떠났단다.

그리고 몇 년이 지나고 동백나무 열매가 싹을 틔우고 나무가 되어 꽃을 피우기 시작했단다. 소녀의 무덤을 중심으로 동백동산이 만들어졌고, 죽은 소녀의 넋이 피어난 듯 봄이면 동백꽃 동산을 붉게 물들였단다. 그런데 소녀가 소년을 그리워하다 가장 예뻤던 나이에 죽은 탓일까? 동백꽃은 가장 아름다운 때 뚝뚝 떨어졌어. 그러나 땅에 떨어져서도 아주 오랫동안 붉은빛을 그대로 간직하고 있었고, 꽃이 떨어진 자리마다 열매가 맺혔지. 소년과 소녀의 사랑은 현실에서는 이뤄지지 못했지만, 저세상에서는 열매를 맺었다는 증거가 동백의 열매겠지.

동백의 꽃말은 '겸손한 아름다움'입니다.

꽃의 모양새도 단아하게 생겼지만 가장 아름다울 때에 자기를 보내 준 땅으로 돌아갈 줄 아는 마음을 담아서 그런 꽃말을 붙여 준 것 같습니다. 아름다움이란 자기가 드러내는 것보다 저절로 드러나고 다른 사람들이 드러내 줄 때 더 가치가 있는 법입니다. 물론 남들이 알아주기까지는 더 많은 시간이 걸립니다. 그럼에도, 겉모습만 그럴듯한 사람보다 속내가 깊은 사람들이 많아졌으면 좋겠습니다.

동백의 또 다른 꽃말도 있는데 '그대를 누구보다도 사랑한다'입니다.

위의 동백꽃과 관련된 이야기와 관련이 있는 것 같습니다. 그래서인지 동백나무는 혼례식에서 굳은 약속의 상징물로 사용되기도 합니다. 그뿐 아니라 예로부터 우리 곁에서 사랑을 받은 나무로서 꽃가루는 화상, 타박상과 같은 지혈을 위한 응급약으로 사용했고, 나무는 얼레빗이나 다식판, 장기쪽 등을 만드는 소재로 사용되기도 했답니다.

동백이 사랑을 받다 보니 조경수로도 많이 사용되면서 품종이 개량된 꽃들도 많이 등장했습니다. 그중에는 겹꽃으로 피우는 동백도 있는데, 문제는 꽃이 떨어질 때가 되어도 떨어지지 않는다는 것입니다. 결국, 떨어져야 할 때에도 떨어지지 못하고 누렇게 말라서 나무에 덕지덕지 붙어있으니 가장 아름다운 시기에 떨어지는 동백꽃만의 아름다움을 잃어버리게 되었습니다. 흰동백 혹은 붉은 동백과 동백의 초록 이파리는 환상의 어울림이지만, 누렇게 말라버린 동백과 초록 잎은 궁합이 잘 맞지 않습니다.

어느 겨울날, 붉은 동백꽃에
하얀 눈이 소복소복 쌓여 있는 것을 본 적이 있습니다.

그 모습은 잊을 수 없을 정도로 아름다웠고, 한겨울 추위에도 아랑곳하지 않고 피어나는 꽃이 얼마나 신비스러웠는지 지금 생각해봐도 생생합니다.

동백은 사철 푸른 나무입니다. 그러니 겨울에 꽃이 피지만 그 꽃 안에는 봄, 여름, 가을이 모두 다 들어 있는 것입니다.

동백만 그런 것이 아니지요. 모든 꽃은 사계절을 모두 품는 것입니다. 그래서일까요? 꽃의 마음은 참으로 넓습니다. 넓은 마음을 가지는 꽃들과 두런두런 이야기를 나눌 수 있는 사람들이 많아졌으면 좋겠습니다. 그래서 꽃들이 가진 넓은 마음이 널리 널리 퍼졌으면 좋겠습니다.

아무리 작은 꽃이라도 완벽합니다

노루귀

청노루귀

노루귀는 이파리가 노루의 귀를 닮아서 붙여진 이름입니다. 솜털을 뽀송뽀송하게 내면서 피어나는 가녀린 줄기와 이파리를 보면 피어나는 꽃보다도 더 귀여워서 꼭 안아주고 싶을 정도입니다. 이르게 피어난 꽃일수록 줄기에 솜털이 많고, 조금 늦게 피어난 꽃은 솜털이 적습니다. 조금보다 조금 더 늦게 피어난 노루귀는 줄기가 매끈하기도 하지요. 그러나 아무리 늦게 피어났다고 하더라도 이른 봄입니다.

숲에 봄이 오면 키 작은 꽃들이 앞을 다퉈 피어납니다.

다른 풀들이 올라와 버리면 햇볕을 받기 어려워서 다른 풀들의 키가 자라기 전에 서둘러 꽃을 피우고 열매를 맺는 것이지요. 얼마나 급한지 부지런히 먼저 꽃을 피우고 이파리는 나중에 냅니다. 이파리보다 꽃이지요. 그리고 다른 풀들이 자라나기 시작하면 언제 그랬느냐는 듯 우리 눈에 보이지 않습니다. 어떤 꽃들은 이파리까지 흔적도 없이 숨어버리지요. 그런데 사실 꽃만 없을 뿐 그 자리에 있는데 다른 풀에 가려서 볼 수 없는 경우가 더 많습니다. 숲은 대체로 키 작은 순서대로 봄을 맞이하며 피어난다고 보면 거의 틀림이 없습니다. 키가 작은 꽃들부터 피어나 점점 키가 큰 꽃들이 여름, 가을이 되면서 피어나는 것이지요. 무질서하게 아무렇게나 피어나는 것 같지만, 저마다 순서가 있습니다. 자기의 때가 되면 어김없이 피어나지만, 자기의 때가 아니면 절대로 피어나지 않습니다. 작은 것을 배려하는 숲의 마음을 봅니다.

/ 노루귀를 만나러 아이들과 숲에 간 날 아이들에게 들려준 이야기입니다.

옛날, 이른 봄에 피어나는 작은 노루귀를 무시하던 호랑이가 살고 있었단다. 어슬렁어슬렁 숲길을 걷다 보면 자기도 모르게 노루귀를 밟아버릴 때도 있었지. 노루귀들이 조금만 더 조심조심 걸어 다녔으면 좋겠다고 했지만, 호랑이는 콧방귀만 꼈어. 그렇게 호랑이가 무시하자 노루귀가 누가 센지 시합을 하자고 했어. 호랑이는 시합도 시합 나름이지 자기 발가락의 발톱보다도 작은 꽃이 누가 센지 시합을 하자니 웃음만 나왔지. 한다, 못 한다. 티격태격하고 있는데 그만 바람이 불면서 위태위태하게 꽃받침에 붙어 있던 씨앗이 땅에 떨어져 버렸지. 호랑이는 우스워 죽겠다고 했지. 그런데 설상가상으로 떨어진 씨앗을 그만 개미가 물고 가버리는 거야. 그러니 얼마나 우스웠겠어. 호랑이는 기가 막혔지. 그런데 그해 겨울 무지하게 춥고 눈이 많이 왔어. 호랑이는 먹을 것을 구하지 못하고 그만 추위와 배고픔으로 죽게 되었지. 그런데 개미에게 물려간 씨앗은 어떻게 되었을까? 봄 햇살을 머금고 예쁜 꽃을 피웠지. 노루귀들 사이에서 전설처럼 전해지는 이야기란다.

분홍노루귀

애기노루귀

작다고 해서 무시해서는 안 되겠지?

혹시 우리 친구 중에서 키가 작아서 고민하는 친구나, 작은 친구들을 놀리는 친구들이 있는지도 모르겠구나. 겉으로 보이는 것만으로 자기나 친구를 평가하는 것은 좋은 일이 아니란다. 마음에 무엇을 품고 살아가는지를 봐야 하지. '작은 고추가 맵다'라는 말 알지? 우리 친구들은 작다고 기죽지 않았으면 좋겠어. 그리고 다른 친구들이 작다고 놀리지도 말았으면 좋겠고.

노루귀의 꽃말은 '인내'란다.

겨울이 지나가고 초록빛이 나타나기 전에 꽃을 피우자니 얼마나 춥겠어. 거의 언 땅을 녹이면서 피어나는 꽃이지. 어떤 꽃들은 조금이라도 추위를 피할 수 있을까 싶어 낙엽 속에서 살며시 고개를 내밀고 피기도 한단다. 그리고 노루귀가 피어난 후에는 어김없이 꽃샘추위가 두어 차례 오곤 한단다.

꽃샘추위가 뭔지 아니?

말을 그대로 풀어보면 '꽃이 피는 것을 시샘하는 추위'란다. 겨울이 가고 봄이 오는 길목에서 봄이 왔나 싶을 때 다시 겨울 추위가 기승을 부리는 때가 있단다. 봄꽃들이 한창 피어났는데 기온이 영하로 떨어지거나 눈이 와서 애써 피어난 꽃들을 다 얼려버리기도 하지. 그래도 꽃샘추위를 두려워하지 않고 피어나는 꽃들이 있고, 그들이 봄바람을 만들어내는 것이란다. 그래서 긴 겨울이 가고 봄이 오는 거란다.

/ 겨울과 봄, 그 사이의 경계에서 피어나는 꽃이 노루귀입니다.

노루귀는 색깔에 따라서 흰색, 청색, 분홍색 노루귀가 있고, 지역에 따라서도 조금씩 부르는 이름이 다른데 제가 개인적으로 가장 좋아하는 노루귀는 제주도에서 만날 수 있는 애기노루귀입니다. 애기노루귀라는 이름만 들어도 여느 노루귀보다 작고 귀여울 것 같지 않으신지요? 보는 이에 따라 다르긴 하겠지만, 꽃은 작을수록 예쁘답니다. 그리고 아무리 작은 꽃이라고 할지라도, 꽃이라 불리기 위해 갖춰야 할 것들을 모두 갖췄습니다. 작은 꽃뿐 아니라, 못생긴 꽃도 완벽합니다.

씨앗이 떨어져 긴 겨울을 보내고 싹을 틔우려면 꽃샘추위만 이겨내야 하는 것이 아니라 또 다른 인내의 시간을 겪어야 합니다. 그것은 바로 '꽃눈처리'라는 것입니다. 영하의 기온에서 최소한 15일 정도를 지내는 과정을 말하는데 이 기간 씨앗이 얼지 않고 견디어내야만 건강한 싹을 틔울 수 있답니다. 추운 겨울에 얼지 않으려면 몸에 물기가 많으면 안 됩니다. 그래서 나무들도 겨울이 오기 전에 자기 안에 있는 물기

청노루귀

를 배출해서 아무리 추워도 세포가 얼어 터지는 일이 없도록 준비를 하는 것이지요. 나무가 가을이 되면 나뭇잎을 떨구는 이유입니다. 나뭇잎을 떨궈야 광합성작용을 멈추게 되고, 그래야 뿌리가 물을 빨아들이지 않거든요. 씨앗도 마찬가지일 것입니다. 씨앗일 때, 몸 안에 있는 물기들을 최소한만 가지고 있으니 목이 마를 것입니다. 그러나 타는 목마름의 시간을 인내했기에 봄이 오면 작은 들꽃들이나 나무들이 초록의 새 생명을 스프링이 튀어 오르듯 피워낼 수 있는 것입니다.

/ 우리네 삶도 마찬가집니다.

타는 목마름 뒤에 만난 샘물, 그 순간의 기쁨과 샘물을 마시며 갈증을 푸는 그 순간의 희열과도 같은 삶의 기쁨은 비울 줄 아는 삶을 살아가는 이들에게 주어지는 선물입니다. 온실에서 자란 화초는 예뻐 보일 수는 있겠지만, 자기 스스로 살아가는 법을 잃어버렸습니다. 사람의 손길이 닿지 않으면 살아갈 수 없는 연약한 존재가 되어버린 것이지요. 온실에서 자란 화초는 추운 겨울도, 뜨거운 태양도, 타는 목마름도 견디질 못합니다. 그러나 야생의 꽃은 추운 겨울, 뜨거운 태양, 타는 목마름까지도 모두 품고 넉넉하게 자신을 피워가는 것입니다.

애기노루귀

애기노루귀

안타깝게도 요즘 우리의 아이들은 온실 속에서 자라나는 화초와도 같습니다. 그러다 보니 작은 어려움에도 쉽게 삶을 포기합니다. 이것은 어쩌면 아이들의 잘못이라기보다는 어른들의 잘못입니다. 사랑이라는 이름으로 분재를 키우듯 아이들을 키운 것입니다. 아이들은 어른들의 이루지 못한 꿈을 이뤄주는 수단이 아닙니다. 어른이나 아이들이나 모두 행복할 길을 찾아야 합니다. 그 중 하나가, 아이들이 삶에서 만나는 아픔을 스스로 이겨내도록 묵묵히 지켜봐 주는 일입니다. 지켜보는 일, 그것이 맹목적으로 사랑하는 것보다 얼마나 힘든 일인지 모릅니다. 우리의 아이들은 온실 속의 화초나 분재가 아닙니다. 그들의 삶, 스스로 꽃피울 수 있도록 지켜보면 우리가 상상했던 것보다 더 아름다운 꽃을 피워낼 것입니다.

풍도노루귀

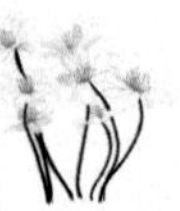

HEPATICA ASIATICA

10

느릿느릿 살아도 충분합니다

괭이밥

큰괭이밥

'괭이'는 고양이의 사투리입니다. 그러니 '괭이밥'은 '고양이 밥'입니다. "고양이가 소화불량에 걸리면 괭이밥을 뜯어 먹는다"라는 설이 있습니다. 아마 고양이가 배탈이 났을 때 괭이밥을 뜯어 먹고 속을 다스리는 것을 보고 '괭이밥'이라는 재미있는 이름을 붙여준 것이겠지요.

/ 괭이밥은 초장초, 괴싱이, 시금초, 고양이시금치 등의 이름이 있는데 이런 이름만 듣고 그 꽃만 생각해도 입안에 침이 가득 고입니다. 이렇게 입에 침이 고이는 까닭은 아마도 어린 시절 괭이밥의 시큼털털한 이파리를 따먹었던 추억이 있기 때문일 것입니다. 채소뿐 아니라 봄이면 지천으로 올라오는 초록 생명 중에는 식탁에 올릴 수 있는 것들이 많습니다. 겨우내 추위를 이겨내는 생명력을 가진 것들을 먹는 것은 단순히 맛으로만 먹는 것이 아닙니다. 그들이 품고 있는 우주의 기운을 우리 몸에 모시는 행위입니다. 냉이, 달래, 씀바귀, 쑥, 망초 등 봄나물은 물론이고 단오(음력 5월 5일) 전 들판에 나는 것들은 대부분 먹을 수 있다고 합니다. 물론 독성이 있는 것들도 있어서 아무것이나 다 먹으면 되는 것은 아닙니다. 앉은부채나 미치광이풀 같은 것은 아무리 먹음직스럽게 생겼어도 독성이 강해서 먹지 못합니다. 그러나 먹을 수 있는 것 중에는 우리가 알지 못하는 것들도 꽤 많습니다. 벼룩나물, 돌나물, 달래 같은 것들은 살짝 양념장을 쳐서 먹으면 아삭아삭 봄 향기가 가득하고, 꽃다지나 냉이 같은 것들은 된장국에 넣어 먹으면 그 맛이 일품이지요. 게다가 독초라고 알려진 것들조차도 식물의 독성을 이용해서 병을 고치는 약재로 요긴하게 사

애기괭이밥

용이 됩니다. 그러니까, 우리 곁에 존재하는 모든 들풀 중에 필요없는 것은 하나도 없습니다.

/ 우리 아이들은 피자나 햄버거 같은 인스턴트식품에 입맛이 길들여져서 나물 같은 것은 별로 좋아하지 않을 수도 있겠지만 인스턴트식품보다 긴 겨울을 이기고 새싹을 낸 우리 땅에서 난 봄나물을 먹는 것이 우리 몸에 훨씬 좋다는 것은 말할 필요도 없을 것입니다. 지혜로운 부모가 되고 싶다면, 우리 아이들의 입맛이 자연의 맛을 음미할 줄 아는 입맛으로 바꿔주는 일을 소홀히 하면 안 됩니다.

/ 어릴 적 소꿉놀이를 해보지 않은 분들은 없겠죠?

어릴 적 양지바른 곳에서 소꿉놀이를 할 때면 우리 주변에 있는 여러 가지 풀들이 반찬으로 등장했습니다. 그중에서는 진짜로 먹을 수 있는 것도 있었는데 괭이밥 이파리가 그 중 하나였습니다. 그 외에도 메꽃뿌리며, 삐삐, 박주가리, 며느리배꼽이나 며느리밑씻개 이파리, 아카시아와 찔레순은 물론이고 산야에 시절을 따라 맺히는 열매 등 자연이 주는 주전부리는 인스턴트식품에 비하면 천상의 먹을거리였습니다.

/ 괭이밥에 대해 전해지는 슬픈 이야기가 있습니다.

옛날 삼국시대, 나당연합군이 백제를 공격할 때 있었던 일이야.

서로 자기 몸처럼 사랑하는 부부가 있었는데 남편이 전쟁터에 나가게 되었단다. 부부는 고양이를 키우고 있었는데 남편이 전쟁터로 나간 사이 부인은 키우던 고양이를 보면서 남편 생각을 하곤 했지. 이제나저제나 남편이 돌아오길 고대하고 있는데 남편이 전쟁터에서 죽었다는 소식이 들려왔어. 사랑했던 남편을 잃은 아내는 은장도를 들고 자신의 가슴을 찔렀지. 그녀는 땅에 피를 많이 흘렸고, 고양이도 죽은 부인의 곁에서 슬퍼하다가 죽게 되었지. 전쟁이 끝난 이듬해 봄, 그곳에 피어난 노란 꽃이 있었는데 그 꽃이 괭이밥이었어.

큰괭이밥
큰괭이밥
붉은괭이밥

조금은 슬프고 허망한 이야기지만 그렇게 사랑하던 부부의 사랑이 꽃으로 피어나서인지 괭이밥은 보통 끈질기게 피어나는 것이 아니야. 뽑고 또 뽑아도 어디선가 예쁜 꽃을 피우곤 하지. 밭에만 피는 것이 아니라 씨앗이 떨어진 곳이라면 어디서든지 피어난단다. 게다가 봄에 피기 시작하면 늦가을 서리가 내릴 때까지 피어나지.

그런데 재미있는 것은 먹으면 시큼털털하다고 한 이파리야.

식물도 밤에는 잠을 자거든. 그런데 괭이밥이 밤에 잠을 잘 때는 심장 모양을 닮은 이파리를 가지런히 모으고 잔단 말이야. 괭이밥 이파리는 석 장인데 모두 심장 모양을 닮아 있어서 가지런히 모으고 있다가 아침이 되면 이파리를 활짝 펴고 일어난단 말이야. 그런데 흐린 날이면 이파리가 늦게 열려. 늦잠을 자는 거지. 그래서 흐린 날이나 장마철에는 종종 낮에도 잠을 자는 것들을 만날 수 있겠지. 그래서 잠꾸러기라는 별명을 붙여 주었지.

/ 저는 이 꽃을 보면서 쉼 없이 달려만 가는 현대인들을 생각합니다.

조금 느릿느릿 천천히 걸어가야 할 때에도 달려가야만 직성이 풀리는 현대인들에게 쉼이라는 단어는 사치스러운 것처럼 느껴집니다. 그러나 쉼 없이 살아가는 것보다 자연의 시간에 맞춰 천천히 살아가는 것도 그리 나쁜 일은 아닌 것 같습니다. 날씨가 궂은 날이나 비 오는 날이면 종일 느긋하게 잠을 자고, 화창한 날에도 시원한 그늘만 있으면 늘어지게 잠을 자고 일어나는 괭이밥에게서 삶의 여유를 느끼는 것이지요.

/ 괭이밥은 봉숭아꽃과 친합니다. 손톱에 봉숭아 물을 들여 본 적이 있으실 겁니다. 봉숭아 잎을 빻고 백반을 섞어 손톱에 올려놓고 천이나 비닐로 칭칭 감아 하룻밤 지나고 풀면 손톱에 빨간 물이 듭니다. 첫눈이 올 때끼지 손톱에 봉숭아 물이 남아있으면 첫 사랑이 이뤄진다는 이야기에 손톱 끝에 남아있는 봉숭아물을 보면서 첫눈이 오기를 기다리던 추억을 간직하고 있는 분도 계시겠지요. 그런데 봉숭아 물을 들이려고 손톱을 칭칭 감아놓으면 간지러워서 빨리 풀어버리고 싶을 때가 많았습니다. 간지러운 이

유는 백반 때문인데 옛날에는 백반을 대신하여 괭이밥 이파리를 같이 빻아서 봉숭아 물을 들였습니다. 이런 이야기들을 하다 보니 어린 시절 소꿉놀이를 할 때 봉숭아 이파리와 괭이밥 이파리를 작은 돌에 콩콩 찌어서 봉숭아 물을 들여 주던 여자 친구가 생각납니다. 지금 어디서 어떻게 살아가는지. 이렇게 어린 시절 자연이 준 추억은 참으로 소중합니다. 우리 아이들에게 자연과 관련된 이런 추억 하나쯤은 남겨줘야 부모노릇을 제대로 한 것이 아닐까요?

/ 괭이밥의 꽃말은 '빛나는 마음, 추억, 동심'입니다.

빛나는 마음은 심장 모양을 닮은 이파리의 마음일 것이고, 실제로 이파리로 동전을 닦으면 빛이 날 정도로 깨끗해집니다. 이파리가 벌레에 먹히는 것을 방지하기 위해 가득 품고 있는 수산이라는 성분 때문이지요. '추억과 동심'이라는 꽃말은 어린 시절 누구나 괭이밥을 따 먹고, 봉숭아 물을 들였던 추억을 돌이켜 볼 수 있기 때문에 붙여진 것 같습니다.

봉숭아꽃이 필 무렵에 주변을 둘러보면 괭이밥도 어렵지 않게 볼 수 있을 것입니다. 따스한 햇볕을 맞으며 손톱에 봉숭아 물 들이는 것을 상상하는 것만으로도 즐겁지 않으신가요?

11

모녀의 정을 듬뿍 안고 피어난 꽃

족두리풀

족두리풀은 옛날 여인들이 예복을 갖춰 입을 때 머리에 쓰던 관인 족두리와 닮아 '족두리풀'이라는 이름이 붙여졌습니다. 요즘은 족두리를 자주 볼 수 없지만 그래도 아직 전통결혼식이나 결혼식 후 양가부모님과 친지들을 모시고 폐백을 할 때 여성들이 족두리를 쓰곤 합니다.

족두리풀의 꽃말은 '모녀의 정'입니다. 이 꽃말과 관계가 있는 슬픈 이야기가 전해지고 있는데 이렇습니다.

옛날 경기도 포천이라는 곳에 아주 예쁜 소녀가 살고 있었단다. 사람들은 그 소녀가 얼마나 예쁜지 꽃처럼 아름답다고 하여 꽃 아가씨라고 불렀어. 얼마나 예뻤으면 꽃 아가씨라고 불렀을까?

꽃 아가씨는 궁녀로 뽑혔는데 그만 나라가 약해지면서 중국이 우리나라를 쥐락펴락하게 되었고, 너무도 예쁜 꽃 아가씨는 중국으로 팔려가게 되었단다. 멀고 먼 나라에 팔려간 꽃 아가씨는 먼 이국땅에서 모진 고생을 하며 고향과 어머니를 그리워하다가 죽고 말았단다. 그렇게 꽃 아가씨가 온갖 고생을 다하는 동안 꽃 아가씨를 기다리던 어머니도 찢어지는 아픔을 늘 간직하고 살아야만 했어. 그런데 그렇게 기다린 보람도 없이 꽃 아가씨가 죽었다는 소식을 듣자 어머니도 얼마 지나지 않아 죽게 되었단다.

두 모녀가 죽자, 꽃 아가씨와 어머니가 살던 집 뒷동산에 이상한 풀들이 자라나기 시작했어. 그 꽃은 마치 처녀가 시집갈 때 쓰는 족두리 같은 모양이었지. 이 소문이 온 고을에 퍼져 이 마을 저 마을에서 구경을 왔는데 어떤 사람은 꽃 아가씨의 한이 맺힌 꽃이라고도 하고, 어떤 사람은 어머니의 넋이 변한 꽃이라고도 했단다. 이게 바로 족두리풀이야.

슬픈 이야기지요?

그래서 그런지 꽃은 이파리에 가려서 잘 보이지 않고, 꽃향기도 별로 없어서 나비 같은 곤충들이 찾아오질 않는다고 합니다. 설령 찾아온다고 해도 이파리 아래에 숨어 땅에 바짝 붙이고 피어나는 꽃이니 나비 같은 것들이 꿀을 빨 수도 없습니다. 아마도 꽃 아가씨가 너무 예뻐서 수난을 당했으니 이파리에 꼭꼭 숨어서 얼굴을 보여주지 않는지도 모를 일입니다. 보기에 따라서 너무 예쁜 꽃이기도 하니까요.

/ 저도 처음에는 그냥 보고도 지나치고 말았습니다. 이파리밖에 보이지 않았거든요. 그런데 나중에 이파리 아래에 꽃이 핀다는 사실을 알고부터는 잘 보이더군요. 그래요. 보이지 않던 것도 보이기 시작하면 잘 보이는 법입니다.

맨 처음 보는 것이 어렵지, 보기 시작하면 보이는 것, 그것이 자연의 신비입니다. 제가 이 글을 쓰는 이유는 이 책을 읽으시는 분들이 그동안 보지 못했던 들꽃의 아름다움을 볼 수 있는 눈을 가지게 하고 싶어서입니다. 우리가 살아가는 이 땅에 이렇게 아름답고 예쁜 꽃들이 많이 있는데, 우리는 그런 꽃들이 우리 곁에 있다는 것조차 알 수 없는 상황에서 살아가도록 강요당하고 있습니다. 우리 아이들도 영어단어는 머리를 싸매고 외우는데 한 번 보고 듣기만 해도 머리에 쏙쏙 들어오는 우리 꽃 이름에는 관심조차도 없는 경우가 많습니다.

'아, 우리 강산에 이렇게 많은 꽃이 있구나!' 하는 감탄을 하기 시작하면 그동안 지천에 있어도 보이지 않던 꽃들이 하나 둘 "안녕?" 인사하며 우리 곁으로 다가올 겁니다. 이전에 보이지 않던 것들이 보이는 경험, 그것을 눈뜸이라고 하는데 마치 장님이 눈을 뜨는 것과도 같은 기적이라고 생각합니다. 그런데 그것뿐 아니라 이렇게 하나 둘 눈에 보이기 시작하면 신기하게도 그들은 우리에게 말을 걸어옵니다. 사람의 언어로 이야기하지는 않지만, 꽃들이 자기들의 이야기를 자기들의 언어로 이야기하지만 그 이야기가 들리는 것이지요. 그 언어는 외국어를 배우듯 배우는 것이 아니라 깨끗한 마음, 꽃을 보고 예쁘다 생각하는 마음만 있으면 누구나 배울 수 있는 자연의 언어랍니다.

아까 족두리풀의 꽃은 이파리 아래에 있는데다가 향기도 적어서 나비 같은 곤충들이 찾아오질 못한다고 했지요? 그러면 어떻게 수정을 할까요? 하늘을 날아다니는 나비 같은 곤충 대신 족두리풀은 개미처럼 기어 다니는 곤충들을 선택했답니다. 그들을 통해서 수정하는 것이지요. 이렇게 저마다 살아가는 방식들이 있답니다.

허준의 <동의보감>에서는 족두리풀에 대해서 이렇게 설명하고 있습니다.

성질은 따뜻하고 맛이 몹시 매우며 독이 없다. 풍습으로 저리고 아픈 데 쓰이며 속을 따뜻하게 하고 기를 내린다. 코가 막힌 것을 치료하며 담기를 세게 한다. 두통을 없애고 눈을 밝게 하며 이가 아픈 것을 멎게 하고 담을 삭이며 땀이 나게 한다. 산이나 들에서 자라는데, 뿌리는 아주 가늘고 맛이 몹시 매우므로 이름을 '세신'이라고 한다.

/ 좀더 쉽게 풀이하자면 이렇습니다.

"맛은 맵지만, 독이 없고 따듯한 성질이 있어 통증을 없애주고, 눈을 밝게 하며, 한방에서는 세신이라고 부른다"가 될 것입니다. 화사한 꽃은 아니지만, 우리에게는 꼭 필요한 꽃입니다.

예전에는 산이나 들에서 쉽게 만날 수 있는 꽃이었습니다. 지금도 조금만 깊은 산에 가면 어렵지 않게 만날 수는 있지만, 옛날보다 사람들과 거리를 두고 살아가는 것은 분명한 사실입니다. 우리가 자연스러운 삶을 살아간다면 그들도 우리 곁으로 돌아올 것입니다. 우리와 점점 멀어지는 자연들, 그들이 없으면 우리는 살 수 없습니다. 그들과 친구가 되어주는 일, 그것은 우리의 미래와도 아주 밀접한 관련이 있습니다. 우리의 미래뿐 아니라, 우리가 빌려 쓰는 아이들의 미래까지도 말입니다.

12

행복이 좋으세요, 행운이 좋으세요?

토끼풀

토끼풀은 클로버라는 이름으로 더 잘 알려진 풀이기도 합니다.

들판에 쪼그리고 앉아 네잎클로버를 찾거나 토끼풀꽃으로 목걸이나 꽃반지 혹은 팔찌나 화관 같은 것을 만들며 놀았던 추억이 있는 분들이 많을 것입니다. 이런 추억을 간직할 수 있는 아이들도 많아졌으면 좋겠습니다. 우리가 아름다운 추억으로 간직하고 있는 것, 그것을 우리 아이들에게도 물려주는 일은 아주 소중한 일입니다. 우리 대에서 그런 아름다운 추억이 끝난다면, 우리는 우리의 아이들에게 죄를 짓는 것입니다.

제가 어릴 적에는 장난감을 문방구나 가게에서 사는 것이 아니라 주로 자연에서 찾았습니다.

가끔 문방구에 가서 유리구슬이나 팽이 같은 것을 사기도 했지만, 대부분은 자연 속에서 놀잇감을 얻었지요. Y자형으로 된 나무를 잘라 새총을 만들기도 했고, 나무를 자르기 어려우면 고추나무를 이용해서 새총을 만들기도 했습니다. 겨울이면 대나무를 잘라 스키를 만들고, 굵은 철사만 있으면 썰

매도 뚝딱 만들었지요. 풀을 이용해서 소꿉놀이는 물론이고 풀싸움도 하고, 진달래꽃, 괭이밥이파리, 찔레나 아까시나무의 갓 올라온 연한 줄기로 맛난 주전부리도 했고, 풀피리도 불었습니다.

토끼풀이라는 이름 때문에 토끼들이 먹을 풀을 뜯으러 가면 토끼가 토끼풀을 좋아한다고 생각해서 망태에 잔뜩 뜯어오기도 했었지요. 물론 토끼가 토끼풀도 잘 먹지만, 그보다는 씀바귀같이 조금 쓴 풀들을 더 좋아한다는 것은 나중에 알았습니다. 토끼풀의 이파리는 대부분 세 장인데 가끔 네 장 혹은 다섯 장인 것도 있습니다. 네잎클로버를 찾으면 좋아라 했는데 '행운'이라는 꽃말 때문에 그랬을 것입니다. 네잎클로버를 찾으면 뭔가 행운이 찾아올 것만 같은 기대감으로 열심히 찾았고, 찾은 네잎클로버는 책갈피에 잘 넣어 두었다가 편지를 쓸 때나 성탄절 카드를 만들 때 사용하기도 했습니다.

우리 아이들도 자연에 맡겨두면 자연에서 얻은 재료들로 놀이를 창조합니다. 그렇게 노는 모습을 보면 가르쳐 주지 않아도 어릴 적 우리가 놀던 것과 비슷한 놀이를 합니다. 돌멩이나 나뭇가지를 이용한 놀이나 흙을 가지고 노는 것이 비슷비슷합니다. 자연에서 놀잇거리를 얻어 노는 모습이 전 세계적으로도 비슷한 것도 신기한 일입니다. 그걸 통한다고 이야기할 수 있겠지요. 자연과 통하는 마음을 가진 아이들, 그 아이들이 멋지게 성장할 것은 말할 필요도 없을 것입니다. 자연과 깊은 교감을 하고 살아간 아이들은 자연이 가진 긍정적인 속성들을 저도 모르게 체득하게 됩니다.

네잎클로버의 꽃말 '행운'과 관련된 이런 이야기가 있습니다.

나폴레옹이 전쟁터에서 전투하고 있었단다.

치열한 전투를 마치고 말을 타고 진지로 돌아오는 중에 네잎클로버가 보였어. 대부분 토끼풀의 이파리는 세 장인데 네 장이라 신기해서 그것을 따려고 허리를 굽혔단다. 말 위에서 땅에 있는 네잎클로버를 따려니 허리를 잔뜩 구부렸겠지. 그런데 바로 그 순간 어디에서 날아왔는지 화살이 휙 날아가는 거야. 네잎클로버를 따려고 허리를 굽히지 않았다면 나폴레옹은 화살을 맞고 그 자리에서 죽었을지도 몰라. 그래서 '행운'이라는 꽃말이 붙었다는 이야기도 있어.

/ 그런데 이파리가 세 장인

토끼풀(세잎클로버라고 해야 하나요?)의 꽃말도 있습니다. 그것은 바로 '행복'이라는 꽃말이지요. 네잎클로버를 찾아본 분들은 아시겠지만, 네잎클로버보다는 세잎클로버가 더 많잖아요. 어떤 분들은 종일 쪼그리고 앉아서 네잎클로버를 찾으려 해도 찾지 못할 수도 있습니다. 무슨 말을 하려는지 감이 오시는지요?

/ 행복은 지천에 있는 것이랍니다.

그런데 많은 사람은 흔하지 않은 행운만 찾다가 지천에 있는 행복을 보지 못하는 것이지요. 그리고 행운이라는 것은 운 좋게 오는 것이 아닙니다. 네잎클로버가 많은 곳은 주로 길가나 동물들이 지나다니는 곳인데 사람들이나 동물들이 지나다니면서 토끼풀을 밟을 때 생장점이 다치게 됩니다. 생장점이 다친다고 다 네잎클로버가 되는 것은 아니지만, 그런 아픔을 겪고나면 네잎클로버가 될 확률이 크다고 합니다. 그러니 누군가에게 행운처럼 보이는 일도 사실은 거저 주어진 것이 아니라 그만큼의 아픔과 수고와 노력이 있었다는 것이겠지요.

토끼풀이나 꽃은 줄기가 길어서 꽃반지나 팔찌뿐 아니라 화관을 만들기도 좋습니다.

토끼풀과 꽃을 줄기째 뽑아서 세 갈래로 나눠 따 꽂아주면 제법 그럴듯한 팔찌도 되고, 화관도 됩니다. 화관을 쓰고 환하게 웃는 모습의 소녀를 상상하는 것만으로 즐겁습니다.

어릴 적 친구들과 함께 풀싸움이라는 것을 하곤 했는데 토끼풀도 그 중 하나였습니다. 굵은 줄기를 뽑아 서로 맞대고 상대편의 줄기를 먼저 끊으면 이기는 게임이지요. 너무 부드러워도 쉽게 끊어지고 너무 억세게 자랐어도 쉽게 끊어집니다. 요령은 꽃을 피운 지 오래되어 꽃들이 아래쪽으로 향하는 것들이 있는 줄기 중에서 부들부들 한 것을 골라 엄지와 검지 손톱 사이로 한 번 죽 긁어 주면 안에 있는 물기가 빠져나갑니다. 그러면 두어 번은 넉넉하게 이깁니다.

/ 풀싸움은 이렇게 줄기를 끊는 것만 있는 것이 아니었습니다.

잔디의 줄기를 뽑아 물방울 따먹기 놀이도 하고, 아카시아 이파리를 따서 가위바위보를 한 후에 손가락으로 쳐서 먼저 이파리를 떨어트리기도 했습니다. 아니면 편을 나눠서 이런 저런 들풀들을 가지고 와서 이름 알아맞히기 게임도 했지요. 이렇게 자연과 더불어 놀면서 자연스럽게 자연을 배웠습니다. 들풀들은 좋은 놀잇감이 되었고, 소중한 먹을거리가 되기도 했습니다. 봄이면 바구니를 들고 나물을 캐러 다니는 것도 재미있는 일이었지만 여름 장맛비가 지나가고 숲에 가서 따는 버섯, 가을이면 산에 올라가 밤이며 도토리를 따다 보면 하루해가 다 지나갔습니다. 도토리를 따서 성냥개비나 이쑤시개 같은 것을 꽂아 팽이를 만들면 또 얼마나 멋지게 돌아가던지요. 자연은 어린 시절 우리와 아주 가까웠고, 자연이 없는 세상은 상상할 수도 없었습니다. 그런데 이젠 자연 없이도 살 수 있을 것처럼 착각하고 살아갑니다. 식탁에 오르는 것들이 어떤 과정을 거쳐 오는지도 관심이 없고, 그들이 자라는 모습을 본 적도 없습니다.

/ 아이들의 손을 잡고 자연으로 나가십시오. 아이들과 꽃구경을 하십시오.

들판에 나가 우리 아이들의 예쁜 눈으로 들꽃을 보게 하고, 예쁜 마음에 들꽃을 심어주십시오. 아이들의 눈은 맑고 깨끗하기에 어른들이 보지 못하는 것을 보고, 어른들이 듣지 못하는 소리를 들으며 그들과 금방 친해질 수 있을 겁니다. 어른들보다 더 많은 것을 보고 느낄 수 있을 것입니다. 아이들과 자연으로 나가면 행복은 물론이려니와 우리가 생각하지도 못했던 행운들이 그 아이들의 삶을 감싸줄 것입니다.

/ 행운은 행복한 삶의 과정에서 덤으로 주어진 것입니다. 그러나 결코, 그 행운은 공짜가 아닙니다. 우리 삶 곳곳에 있는 행복을 느낄 수 있는 이들에게만 덤으로 주어지는 것입니다. 그런 이들에게 주어진 행운, 그것은 인생을 더 맛깔나게 할 것입니다. 아무런 노력 없이 거저 주어진 행운은 처음엔 행운처럼 보일지 모르겠지만, 그것이 결코 그 사람의 삶에 긍정적인 영향을 주지 못합니다. 행복, 그것은 아주 가까운 곳에 있습니다. 그것을 보는 눈을 뜨는 사람들에게 행운도 다정스럽게 손짓을 하며 다가오는 것이겠지요.

13

속마음은 감출 수 없습니다

강아지풀

강아지풀은 예쁘지 않지만, 아이들이 아주 좋아하는 풀 중 하나입니다. 무엇보다도 바람에 살랑살랑 흔들리는 모습이 강아지가 반갑다고 꼬리를 치는 것 같아서 귀염을 받을만하고, 줄기 하나 쑥 뽑으면 가지고 놀기에도 그만입니다. 옛날 논두렁이나 들판에서 벼메뚜기를 잡을 때면 강아지풀 줄기에 메뚜기를 꿰어 오기도 했습니다.

무엇보다도 길가에서 흔히 자라는 것이니 아이들의 놀잇감으로는 그만입니다.

털이 많이 난 강아지풀의 이삭은 수염처럼 코 밑에 붙이고 "에헴!" 하며 영감 흉내를 낼 수도 있고, 슬며시 친구들 목덜미에 벌레처럼 스치면 대부분 기겁을 하고 놀랍니다. 강아지풀의 이삭이 몸에 닿으면 마치 벌레가 몸에서 기어 다니는 느낌이 들거든요. 그래서일까요? 강아지풀의 꽃말은 '놀이'랍니다.

강아지풀이라는 이름이야 이삭의 부슬부슬한 털의 느낌이 강아지 꼬리와 비슷하니까 붙여졌습니다. 영어로는 여우꼬리(Fox Tail)라고 하고 한자로는 구미초(狗尾草)라고도 합니다. 갑자기 여우 이야기가 나오니까 조금 무서워지기도 합니다. 사실은 여우도 사

람과 적대적인 관계는 아닌데, 전설의 고향이 준 이미지가 한몫했겠지요. 강아지풀은 전 세계 어디서나 볼 수 있는 풀이라서 가히 세계화된 꽃이라 할 수 있습니다. 그만큼 이 세상의 모든 사람이 강아지풀과 관련된 추억을 갖고 있다는 이야기일 수도 있고. 그러니까 그만큼 친숙하면서도 너무 흔해서 주목받지 못하는 꽃일 수도 있는 것이지요.

/ 강아지풀은 볏과에 속하는 풀입니다.

볏과의 꽃들을 부를 때에는 '꽃'이라고 하지 않고 '삭'이라고 합니다. '벼이삭'이라는 말 들어보셨을 겁니다. 이렇게 '삭' 자가 들어가는 것은 꽃이라기보다는 포자형태로 수정하는데 우리가 식량으로 삼을 수 있는 것들이 많습니다.

/ 강아지풀도 옛날에는 구황식물이었습니다.

'구황식물'이란 흉년이 들었을 때 재배하기에 적당한 작물을 가리키는 말인데 감자 같은 것도 있지만, 강아지풀처럼 지천에서 올라오는 풀이나 논에 뿌리지 않아도 쑥쑥 올라와 벼와 경쟁을 하는 '피'도 구황식물의 하나였습니다. 요즘이야 먹을 것이 많아서 강아지풀이나 피 같은 것을 식량으로 먹지는 않지만, 그런 시절도 있었습니다. 아직도 세계적으로는 기아로 죽어가는 수없이 많은 이들이 있습니다. 그들에겐 강아지풀을 구황식물 정도로 추억하는 우리네 삶이 부럽기만 할 것입니다.

/ 개는 자기의 의사표현을 꼬리로 합니다.

예를 들어, 반가우면 꼬리를 치지만 두려움을 느끼면 자기도 모르게 꼬리를 뒷다리 사이로 감춥니다. 자기의 감정을 감추고 싶어도 감출 수 없는 삶이지요. 자기들끼리 싸울 때에도 자신이 있으면 꼬리를 추켜세우지만 질 것 같으면 꼬리를 감추고 깨갱거리며 줄행랑을 칩니다. 꼬리로 자기의 감정을 다 드러내는 것이지요. 감추고 싶어도 감출 수 없는 속마음이 꼬리에 그대로 드러나는 것이 좋지만은 않은 것 같지만, 그 솔직함이 또 좋기도 합니다. '천 길 물속은 알아도 사람의 마음은 알 수 없다'는 말이 있습니다만, 많은 경우 사람의 마음은 그대로 얼굴에 나타납니다. 우리 사는 세상은 그것을 잘 감추는 것을 능력이라고 하지만, 때론 우리의 속마음을 있는 그대로 표현할 줄도 알아야 합니다. 그리고 아무리 웃는 얼굴이라고 해도 속에 슬픈 마음이 자리하고 있으면 어떤 형태로든지 행동으로 나타나기 마련입니다. 결국, 속마음은 감출 수 없지요. 어떤 식으로든 표출되니까요. 그래서 보이지 않는 속마음을 아름답게 가꿀 필요가 있습니다. 감출 수 없기 때문이 아니라, 마음에 품은 것이 우리의 삶을 좌지우지 하기 때문입니다.

/ 어릴 적에는 개들을 풀어서 키웠습니다.

순한 개들이 대부분이어서 사람이 가면 슬금슬금 꼬리를 내리고 도망치는 놈들이 대부분이지만 가끔은 사나운 개들도 있어서 조심해야 했지요. 그런데 그럴 때 무섭다고 도망치다가는 개는 오히려 자기가 무서워서 도망친다고 생각하고 만만하게 봅니다. 이런 경우는 달려와 무는 일도 있지요. 그래서 괜히 짖고 물려고 뛰어오는 사나운 개가 있으면 도망가지 않고 돌멩이를 집어서 던지는 시늉을 하거나 땅에 발을 '쿵!' 하고 내딛기도 했습니다. 그래도 안 되면 개의 눈을 노려봅니다. 눈싸움한다고 할까요? 사람 눈이 호랑이 눈보다도 더 무섭다고 어른들이 이야기하더군요. 세상에서 제일 따뜻한 눈은 사람 눈이지만, 가장 매서운 눈도 사람 눈이라고. 저도 직접 그런 실험(?)을 해 본 적이 있는데 개 대부분은 사람하고 눈이 마주치면 슬며시 눈을 돌려버립니다. 거의 백발백중입니다. 제가 그 흔한 똥개들만 만나서 그랬을까요?

/ 우리가 살아갈 때에도 두렵고 위험한 순간들이 닥쳐올 수가 있습니다.

실패하는 사람들은 무조건 그것으로부터 도망을 가려고만 하지요. 그러면 두렵고 위험한 순간들은 마치 개처럼 쫓아와서 우리를 물어버리는 겁니다. 두렵고 위험한 순간들, 힘든 순간에는 오히려 그것을 두 눈 똑바로 뜨고 바라보는 것이 그것을 극복할 수 있는 시작입니다. 어리석은 사람은 눈을 감고 아무것도 없다고 한답니다. 우리가 살아가는 세상은 두 눈을 똑바로 뜨고 바라볼 일입니다.

제가 목사다 보니 결혼식 주례를 몇 차례 한 적이 있습니다. 그때마다 저는 이런 이야기를 들려줍니다. 많은 사람이 결혼하기 전에는 콩깍지가 끼어서 제대로 보지 못하다가 결혼한 뒤에 콩깍지가 떨어지면서 실망하기도 하는데, 지혜로운 사람은 결혼한 후에 콩깍지가 끼는 사람들이라는 이야깁니다. 결혼 전에 콩깍지가 끼었다면 결혼 후에도 계속 그렇게 살 것이고, 제대로 보았다면 이제부터는 콩깍지 끼고 살라고 합니다. 우리가 사는 세상, 두 눈 똑바로 뜨고 살아야 제대로 바라볼 수 있고, 눈감아 줄 수 있는 일 눈감아 줄 수 있습니다.

/ 강아지풀은 종류가 많습니다.

흔하게 볼 수 있는 강아지풀을 비롯해 햇살이 비치면 황금색으로 빛나는 금강아지풀, 바닷가 근처에서 자라는 갯강아지풀, 가을에 껑충 큰 키로 자라는 서양강아지풀(외래종)이 있지요. 마치 전 세계에 다양한 강아지들이 있는 것처럼 강아지풀도 전 세계에 퍼져 있습니다. 키도 다르고 모양도 조금씩 다르긴 하지만, 그들이 강아지풀인 것은 그들이 가진 성격 때문이랍니다.

비옥하지 않은 척박한 땅에서도 잘 자라는 강인함과 작은 바람에도 살랑살랑 흔들리는 부드러움 모두 가지고 있기 때문에 어느 곳에서도 잘 적응하며 살아가는 것이 아닐까요? 모든 이들이 강아지풀처럼 부드럽고 동시에 강인했으면 좋겠습니다.

가까이하기엔 너무 먼 당신

며느리밑씻개

'고부간의 갈등' 이 사회적인 문제로 등장하기도 합니다.

'고부간'이란 '시어머니와 며느리 사이'라는 뜻인데 지금이야 핵가족화되면서 결혼하면 대부분 부부끼리 살지만, 옛날에는 그렇지 않았습니다. 결혼에 대해서도 남자와 여자가 조금 다른데 남자는 '장가든다' 라고 하지만 여자는 '시집간다' 라고 합니다. 여기서 '시집'은 '시댁'과 다른 말이 아닙니다. 그러니까 예로부터 우리나라는 결혼과 동시에 여성은 대부분 그동안 정들었던 친정식구들과 떨어져 시댁식구들과 살았고, 그래서 '시집살이'라는 말도 생겨난 것입니다.

'출가외인' 이라는 말이 있습니다. 시집간 딸은 친정과는 남이나 마찬가지라는 뜻인데 시집을 가면 아무리 힘든 일이 있어도 그저 묵묵히 참고 사는 것을 미덕이라고 생각했었지요. 시집살이를 잘하려면 '벙어리 3년, 귀머거리 3년, 장님 3년'을 살아야 한다는 말도 있지요. 말하고 싶어도 말하지 못하는 것처럼, 보고도 못 본 척, 듣고도 못 들은 척 살아야 했다니 시집살이가 그리 만만치 않았을 것입니다. 물론 시어머니 대부분은 며느리들을 자식들처럼 예뻐했을 것입니다. 사실 입으로 전해지는 이야기들은 좀 과장된 부분도 있겠지요. 물론, 그 이야기들이 전혀 뜬금없는 이야기는 아니었을 테고, 이런저런 이야기들을 통해 그 당시의 상황을 상상해 볼 수 있는 것입니다.

/ 며느리, 시어머니와 관련이 있는 속담들을 몇 개 적어봅니다.

'며느리 예뻐하는 시어미 없다', '며느리 흠 잡을 것이 없으면 발뒤꿈치 달걀 같다고 한다', '시어미와 며느리는 사이가 좋아도 역시 시어미와 며느리다', '며느리는 시어미를 봉양하는 사람이다', '시어미 미우면 남편도 밉다', '오래 살면 시어미 죽는 날도 있다'

/ 어떤 느낌이 드시는지요? 이상하게도 며느리와 시어머니의 관계는 앙숙관계 같습니다. 혹시 그동안 고이 기른 아들을 며느리에게 빼앗긴 것 같아서 그런 것은 아닐까요? 고부간의 갈등이 심한 경우를 분석해 보면 시어머니들이 며느리를 '내 아들의 여자'로만 본다는 것 때문이라고 합니다. 내 아들을 도와주기 위해 우리 집 안에 들어온 한 여자라고 보기 때문에 이런 문제가 생긴다는 것이지요. 그러나 며느리 역시 한집안의 딸이요, 당신의 젊은 날을 살아가고 있는 여인입니다. 이상하게도 시어머니에게 사랑을 받지 못했던 분이 며느리를 더 힘들게 한다고 합니다.

'내가 시어머니 때문에 이만큼 고생을 했으니 너도 이만큼은 해야 하지 않겠느냐?'는 마음이 작용한다고 합니다. 그러나 조금만 생각을 바꾸면 달라집니다. '내가 시어머니 때문에 이런 아픔을 당했지만, 며느리에게는 그렇게 하지 않겠다'는 마음으로 며느리를 대한다면 악의 순환고리를 끊을 수 있겠지요. 지혜로운 사람들은 좋은 것에서는 좋은 것을 배우고, 나쁜 것은 반면교사로 삼아 좋은 것으로 내재화한답니다. 그런 삶이 지혜로운 삶이겠지요.

/ 자, 그러면 이제 오늘의 주인공 '며느리밑씻개'의 이야기로 돌아가 볼까요?

'밑씻개'는 국어사전에 있는 것을 그대로 옮겨보면 '똥을 누고 똥구멍을 씻는 물건의 총칭'이라고 되어 있습니다. 요즘이야 비데도 있고, 고급 화장지도 있지만, 옛날 종이가 귀하던 시절에 들판 같은 곳에서 급한 일을 볼 때는 넓은 나뭇잎이나 부드러운 풀 같은 것을 밑씻개로 사용했고, 집에서도 지푸라기나 새끼줄 같은 것을 화장실에 걸어놓고 사용했습니다.

/ 다음은 '며느리밑씻개'에 관한 이야기입니다.

어느 시어머니가 뜨거운 여름날 밭에 나가 김을 매고 있었어.

그런데 갑자기 배가 살살 아픈 거야. 그래서 밭 가장자리에 나와 시원하게 일을 봤지. 일을 본 후에 밭 가장자리에 있는 풀을 무심결에 뜯어서 밑을 '쓱!' 하고는 닦았는데 어찌나 따가운지 시어머니는 자기도 모르게 비명을 지르고 말았어. 뭔가 보니 글쎄 줄기에 잔가시가 촘촘하게 박힌 풀이야. 잡초를 뽑아내며 무뎌진 손이 차마 잔가시가 찌르는 것을 느끼지 못했던 거지. 그놈의 잔가시가 얼마나 작은지 따끔거리기는 하는데 보여도 빼기 어려워. 게다가 잔가시가 볼래야 볼 수도 없는 엉덩이에 박혔으니 빼낼 수가 없었지. 그렇다고 누구한테 빼 달라기도 그렇고. 손가락으로 더듬어가면서 따끔거릴 때마다 조심스럽게 뽑을 수밖에. 그런데 한두 개도 아니고, 가시가 잔가시라 제대로 뺄 수도 없어. 똥구멍이 후끈거리고 난리가 났지. 화가 머리끝까지 올라온 시어머니는 저도 모르게 "이놈의 풀, 며느리 년 손에나 걸리지 하필이면 내 손에 걸리나?" 하고 화를 냈다네. 그래서 '며느리밑씻개' 라는 이름이 붙었다고 전해진단다.

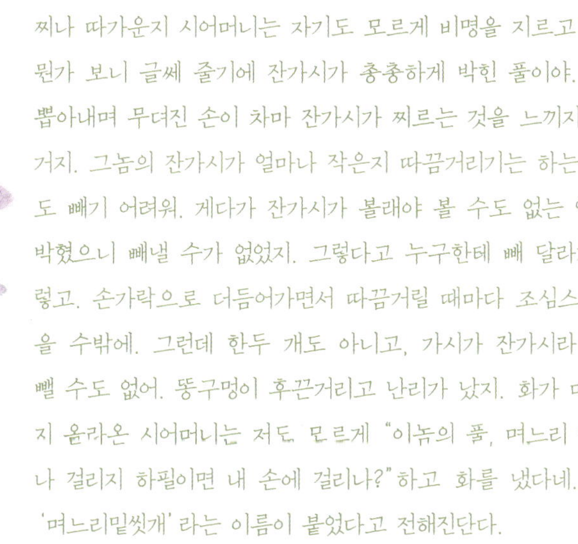

/ 며느리밑씻개는 분홍색의 작은 꽃을 피우는데 마치 새색시가 연지를 바른 것을 연상하게 하는 고운 색깔입니다. 게다가 활짝 피어 자기를 보여주지 않고 다소곳하게 작은 꽃망울을 모으고 있습니다. 며느리밑씻개와 비슷한 '고마리'만 해도 작지만, 활짝 피어 있는데 며느리밑씻개는 영 그러질 않습니다. 활짝 핀 것을 만나기가 쉽지 않습니다.

'며느리'라는 단어가 들어간 꽃 중에는 며느리밥풀꽃, 며느리배꼽, 며느리주머니(금낭화) 등이 있는데 꽃 이름 중에 '며느리'자가 들어가면 괜히 슬퍼 보이는 이유는 아마도 며느리배꼽이나 며느리밥풀꽃처럼 구전되는 슬픈 이야기가 있기 때문일껍니다.

/ 며느리밑씻개 이파리는 시큼털털합니다.

이파리도 며느리배꼽과 비슷하고 맛도 비슷하지만, 며느리배꼽은 꽃이 피는 둥 마는 둥 하면서 가을이면 보랏빛 열매가 맺히기에 쉽게 구분할 수 있습니다. 시큼털털한 며느리밑씻개 이파리는 소꿉놀이할 적에 많이 사용하기도 했는데 문제는 줄기에 마치 낚싯바늘처럼 구부러진 잔가시들이 많아서 잘못 만지면 잔가시들이 손에 무수하게 박히고, 옷가지에 잘 붙어서 떨어지려고 하질 않는 것입니다. 반바지 같은 것을 입고 풀섶을 거닐다 보면 종아리에 상처를 내는 것들이 있는데 며느리밑씻개일 경우가 많습니다. 그만큼 흔한 꽃이지요. 그러나 이른 아침 연분홍빛 며느리밑씻개가 옹기종기 모여 있는 모습을 보면 화단 한편에 가꿔보고 싶은 욕심이 들기도 하는 꽃이랍니다. 그러다가도 잔가시가 몸에 박히면, 그런 마음이 싹 가시는 꽃이기도 합니다. 가까이하기엔 너무 먼 당신인가 봅니다.

"하필이면 내 손에 걸리다니?" 하는 시어머니에게 '쌤통'이라고 이야기해주면 벙어리 3년, 귀머거리 3년, 장님 3년의 세월 동안 쌓였던 앙금이 일순간에 다 풀려버릴 것도 같아 웃음이 나오는 꽃입니다.

PERSICARIA SENTICOSA

'비틈의 미학'을 간직하십시오

사위질빵

'며느리밑씻개' 이야기에서 고부간의 갈등을 보았다면 사위질빵에서는 장모의 사위사랑을 볼 수가 있습니다. 어떤 이야기가 들어 있는지 먼저 들려주는 것이 좋을 것 같습니다.

먼저 '질빵'이 뭔지 알아야 할 것 같아.
질빵이란 '짐을 질 때 쓰는 줄'이거든. 옛날에는 짐을 지게에 많이 날랐는데 지게를 보면 어깨에 지게를 멜 수 있도록 만들어진 줄이 있거든, 그것을 질빵이라고 한단다. 짐을 많이 지려면 질빵이 튼튼해야겠지?

옛날에 어느 시골 마을에 사위를 지극정성으로 사랑하는 장모님이 살고 있었단다.
어느 무더운 여름날 사위가 농사일을 도와준다고 처가에 온다는 소식을 듣고 장모는 사위를 주려고 씨암탉까지 잡아 두었어. 그런데 뜨거운 여름 농사일을 하는 것이 여간 힘들지 않거든. 장모는 꾀를 내어 사위의 지게에다가 사위질빵 줄기로 질빵을 만들어 묶어두었단다. 사위질빵의 줄기는 마디마디가 톡톡 잘 끊어지거든. 그러니 사위가 조금만 무거운 짐을 질 것 같으면 사위의 지게질빵이 툭툭 끊어질 것 아니야. 장모가 사위의 지게 짐을 덜어주려고 사위질빵의 줄기로 질빵을 많이 만들기도 했던 모양이지. '사위질빵'이라고 하는 꽃이 진짜로 존재하고 있으니 말이야.

그것 참 이상하지 않니? 왜 시어머니들은 며느리를 그렇게 힘들게 하는데 장모는 사위를 그렇게 편애하는지 말이야. 아마도 자기 딸에게 잘 해주라는 뜻이 담겨 있겠지. 사위한테 지극정성으로 잘 대해주면 자기 딸에게도 잘 해주겠지. 그러니까 결국은 이런 상상을 해 볼 수 있어. 시집살이가 힘든 시절 사위사랑을 통해서 딸의 시집살이 짐을 조금이라도 덜어주고 싶은 마음을 발견할 수 있지. 장모도 며느리였던 적이 있었을 것이니 며느리의 설움을 잘 알았을 거야. 그러니 시집간 딸이 어떤 삶을 살아가고 있는지 눈에 선했겠지. 그런데 말로만 "잘 해줘, 잘 해줘" 할 수는 없는 일 아니겠어? 그러니 사위가 오면 씨암탉도 잡고 사위질빵으로 지게질빵을 만들어 놓는 것으로 마음을 전하는 것이겠지. 그러니까 결국 사위사랑의 깊은 내면에서 딸을 사랑하는 어머니의 마음이 들어 있는 거야.

그런데 자기의 딸은 그렇게 소중하게 생각하면서 왜 며느리는 그렇게 미워하는 것일까요?

물론 세상의 모든 시어머니가 그런 것은 아니니까 일반화시킬 수는 없지만, 며느리밑씻개에 관한 이야기를 하면서 전해주었던 이야기 즉, 사랑하는 아들을 다른 여자에게 빼앗긴 것 같은 심리적인 경쟁심이 고부간의 갈등을 가져오는 것은 아닐까 싶습니다. 이건 어디까지나 제가 개인적으로 상상해 본 것입니다.

맨 처음 사위질빵이라는 꽃을 만났을때 이야기를 들려 드립니다.

그때만 해도 저는 꽃의 세계에 막 입문을 했을 때라서 꽃 이름을 잘 알지 못했고, 사진에 담아와 식물도감을 보고 이름을 찾곤 했었습니다. 이름을 찾으면 학명을 보면서 혹시 무슨 신화와 관련이 없을까 생각도 해보고, 자료도 찾았지만 이렇게 '사위질빵'이나 '며느리밑씻개'처럼 순우리말로 되어 있는 것은 그 이름만 가지고도 상상의 날개를 펼칠 수 있어서 얼마나 좋았는지 모릅니다.

비가 부슬부슬 내리던 날,

사위질빵이 가느다란 줄기로 제주도의 어느 작은 집 돌담에 기대어 하얀 꽃을 피우고 있었습니다. 마치 검은 돌담 위에 하얀 눈이 쌓인 듯했습니다. 담장에 다가가 바라보니 마치 사위질빵의 하얀 꽃이 그 작은 집 마당을 담장에 기대어 몰래 살피는 것처럼 보였습니다. 그래서 순간적으로 '혹시 사위질(짓)을 제대로 못 해서 빵점을 맞은 사위가 처가로 도망 온 아내를 찾으러 오긴 왔는데 처가 식구들이 무서워 들어가지는 못하고 담장 너머에서 기웃기웃하는 것 아니야!' 하는 생각을 했습니다. 부슬부슬 내리는 비가 더해지면서 처량한 듯 느껴지는 풍경이 더해져 그랬는지는 모르겠지만, 사위질빵은 그렇게 제게는 '빵점짜리 사위'라는 이미지로 다가왔답니다. 그런데 사위질빵과 관련해서 전해지는 이야기를 알고 나니 내가 상상했던 것과는 전혀 다른 이야기가 전해지더군요.

/ 저는 이것이 꽃구경의 묘미라고 생각합니다.

아는 만큼 보이고, 아는 만큼 사랑하는 것이라고 하지만 때로는 안다고 하는 것이 정형화되면 그 틀을 벗어나질 못해서 상상력을 가로막곤 하거든요. 그럼에도 분명한 사실은 아는 만큼 보이고, 사랑하는 만큼 보인다는 점입니다. 그러나 우리가 한 가지 더 명심해야 할 것은 지금 아는 것, 그것이 전부가 아니라는 것과 아는 것으로 말미암아 다른 가능성을 닫지 말아야 한다는 점입니다. 이미 구전되는 이야기가 있어도 스스로 만들어도 보고, 비틀어도 보는 것을 통해서 새로운 이야기들을 만들어 낼 수도 있습니다.

/ '비틂의 미학',

누구나 당연하다고 여기는 것에 대한 작은 반란, 창조란 아무것도 없음에서 시작되는 것이 아닙니다. 조금 어려운 이야기일지는 모르겠지만, 창조란 혼돈의 상태를 질서의 상태로 정비하는 행위입니다. 카오스에서 코스모스로의 전환이지요. 우리가 당연하다고 여기는 것 속에도 여전히 당연하지 않은 것

(혼돈-카오스)이 존재하고 있는 법입니다. 그것을 살짝 비틀어 주는 것, 그것은 또 하나의 창조(질서-코스모스)인 셈이지요.

어떤 꽃은 인기가 좋아서 꽃말도 많고 꽃에 관한 이야기도 많은 것이 있습니다. 그런데 어떤 꽃은 꽃말도 없고, 꽃에 관한 이야기도 없습니다. 그런 꽃들의 꽃말도 붙여주고, 이야기도 만들어 준다면 그런 이야기들이 구전되고 구전되다가 그들의 이야기가 될 수 있는 것 아닐까요? 그들의 이야기가 되지 않는다고 해도 그런 상상을 하는 순간들은 개인적으로 행복한 순간들일 것입니다. 나만의 이야기라도 좋습니다. 그런 순간은 꽃들과 하나가 되는 시간이요, 그 순간엔 꽃들도 다가와 자기의 이야기를 들려줄 것입니다. 사람마다 살아온 이야기가 다르듯, 같

은 꽃이라도 살아온 이야기들이 다를 것입니다. 그러니 들려줄 이야기들도 다르겠지요. 해마다 같은 꽃을 만나도(엄밀하게 말하자면, 이름이 같은 꽃을 만나는 것이지요.) 늘 새로운 이유입니다.

/어떤 분들은 작년에 만난 꽃인데 뭐 또 그리 만나지 못해 안달이냐고 하십니다. 그러나 제가 꽃을 찾아 떠난 여행을 한 이후, 단 한 번도 똑같은 꽃은 만나질 못했습니다. 어제 만났던 꽃이 다르고, 오늘 아침에 만난 꽃도 다릅니다. 늘 새롭습니다. 햇살이 좋은 날에 만나는 꽃, 비가 오는 날 만나는 꽃, 바람이 많이 부는 날 만나는 꽃, 모두 새롭지요. 꽃은 단 한 번도 같은 얼굴을 보여주지 않습니다. 그것이 꽃의 매력이기도 하지요. 같으면서도 단 한 번도 같지 않음, 그것이 꽃의 마음입니다.

/ 저는 꽃을 보면서 상상의 나래를 활짝 펴는 이들이 많아지면 하는 소망을 하고 있습니다. 이런 생각을 하는 사람들, 그 사람들은 아름다운 사람일 테고, 그런 사람들이 많아지면 세상도 분명 아름다워질 것이기 때문입니다. 그래서 꽃을 사랑한다거나 혹은 안다는 것이 단순히 이름을 많이 외우면 잘 아는 것이 아니라는 평범한 사실을 알 수 있다면, 그래서 꽃을 보면서 세상사를 보고 사람들의 삶과 꽃들의 삶이 그리 다르지 않다는 것도 발견할 수 있으면 좋겠습니다. 그리고 그런 행위 자체가 이 세상을 아름답게 하는 시작임도 알았으면 좋겠습니다. 그 순간부터 단순히 꽃은 꽃이 아니라 내게로 다가와 말을 걸고, 그들의 이야기를 통해서 삶의 힘을 얻게 되고, 꽃을 닮은 사람이 되어가는 것입니다.

16

고난은 나에게만 오지 않습니다

나팔꽃

학용품 중에 '모닝 글로리(Morning Glory)'라는 로고가 붙은 것을 본 적이 있을 것입니다. 로고 옆에 꽃 그림이 하나 있는데 그것이 바로 '아침의 영광'이라는 꽃말을 가진 나팔꽃입니다.

나팔꽃은 밤새워 별빛과 달빛의 기운을 받아 이른 아침 활짝 피었다가 아침이 다 가기도 전에 시들어 버립니다. 꽃을 피우고 하루도, 아니 한나절도 버티지 못하는 꽃, 밤을 지새워 꽃을 피울 준비를 하고 아침 햇살이 아직 먼 곳에 있을 때 서둘러 피어나는 꽃. 그래서 금방 시들어 버리는 꽃의 속성을 담아 '덧없는 사랑'이라는 꽃말도 있지만, 이른 아침 싱그럽게 피어나는 마음을 담아 '깨끗한 사랑'이라는 꽃말도 있고, 나팔모양을 닮은 꽃의 모양새에서 따온 것 같은 '기쁜 소식'이라는 꽃말도 가지고 있답니다.

반나절을 채 못 피었다가 지는 꽃의 다른 이름은 '견우화(牽牛花)'입니다.

'견우화'하면 생각나는 이야기가 있으실 겁니다. 일 년에 한 번 칠월 칠석에만 만날 수 있는 견우와 직녀의 사랑, 그 사랑을 이어주는 오작교와는 무슨 관계가 있는지 가늠할 수 있는 나팔꽃 이야기가 있습니다.

아주 먼 옛날 중국에 그림을 잘 그리는 화공이 있었단다. 화공이란 오늘날의 화가란다. 화공의 부인은 아주 예뻤는데 그 마을의 원님이 화공의 부인을 잡아두고 수청들 것을 강요했단다. 그러나 화공의 부인이 끝까지 싫다고 거절을 하니 원님은 화공의 부인을 높은 성에 가둬버렸단다. 날마다 화공과 화공의 부인은 서로 그리워하면서 지냈지만 만날 수가 없었지. 화공도 자신의 억울함을 풀려고 많은 노력을 했지만 못된 원님의 세력이 워낙에 드세다 보니 어쩔 수가 없었단다. 화공은 아내를 보고 싶은 마음을 담아 그림을 한 장 그렸단다. 화공은 그 그림을 아내가 갇힌 성 밑에 파묻었지.

그리고 화공은 부인을 너무 그리워하다가 그만 죽게 되었단다.

화공이 죽은 날부터 화공의 부인은 매일 같은 꿈을 꾸었어.

"사랑하는 부인, 나는 매일 밤 꿈속으로 당신을 찾아가는데 그 길이 얼마나 먼지 당신과 만나려 이야기를 하려고 하면 아침이 되고 마네요. 그래서 늘 하고 싶은 말을 못하고 떠납니다."

매일 똑같은 꿈을 꾸던 화공의 부인이 이상히 여겨 아침에 일어나 성 아래를 내려다보았단다. 그때 화공의 아내는 성벽을 타고 올라오는 꽃을 보았지.

"아, 당신이군요."

그러나 아침 햇살이 환히 비추자 금방 꽃은 시들어버리고 성벽을 타고 올라오던 줄기와 이파리만 바람에 파르르 떠는 거야. 화공의 아내는 아침 일찍 일어나면 꽃을 보겠다고 생각하고 다음 날 아침 일찍 일어났어. 그런데 활짝 핀 꽃은 보이지만 성벽이 너무 높아서 꽃은 화공의 부인이 있는 곳까지 올라갈 수가 없었어. 할 수 없이 먼발치에서 서로 그리워하며 이야기를 나눴지. 멀리 떨어져서 이야기를 나누다 보니 꽃은 아내의 작은 목소리를 들으려고, 또 아내에게 작은 목소리로 말해도 잘 들리게 하려고 나팔모양의 꽃이 되었단다. 서로 그리워하면서도 만날 수 없는 안타까움을 담아 사람들은 그 꽃을 '견우화'라고 불렀단다.

그래서일까요?

나팔꽃의 줄기는 무엇이든지 닿기만 하면 휘감는 속성이 있습니다. 아마도 사랑하는 아내를 붙잡느라 그런 것 같기도 하고, 한 번 부여잡은 것은 놓아주지 않는 것도 사랑하는 아내를 빼앗긴 슬픔을 담고 있는 것은 아닌지, '이젠 다시는 당신과 떨어지지 않을 거야!' 하면서 그렇게 닿는 것마다 부여잡는 것이 아닐까 상상해 봅니다.

줄기는 연약하지만, 주변에 있는 것을 휘어감고 하늘 높이 올라가는 덩굴성 식물들도 많습니다. 덩굴 식물은 무엇을 붙잡는가에 따라 다른 삶을 살아가게 됩니다. 무슨 말이냐면 낮은 담장을 붙잡으면 낮은 담장만큼 올라가고, 들판의 들풀을 잡으면 그들만큼 올라가고, 나무를 붙잡으면 나무만큼 올라갈 수 있지요. 그러니 자기가 무엇을 붙잡고, 무엇에 기대어 사는지는 참으로 중요한 것입니다. 물론 높이 올라가는 것만 능사가 아닙니다. 나팔꽃 같은 것이 너무 높이 올라갔다가는 바람이 세게 불면 상할 수 있고, 꽃을 피울 수 없을 수도 있지요. 그러니까 자기한테 필요한 만큼만 올라가는 것이 지혜로운 것입니다. 남들이 올라간다고 무조건 따라 올라가지 않고, 올라갈 수 있어도 땅을 향할 줄도 아는 것이 나팔꽃의 마음입니다.

나팔꽃과 비슷한 우리 꽃 메꽃이 있습니다

메꽃은 논두렁이나 실개천 같은 곳에 많이 피는데 색깔만 다르지 나팔꽃과 아주 비슷하게 생겼지요. 어렸을 적에 국숫발같이 생긴 하얀 메꽃뿌리를 캐 먹곤 했는데 달짝지근하고 맛있습니다. 메꽃은 나팔꽃과 비슷하게 생겼지만, 나팔꽃은 씨앗이 생기는데 메꽃은 씨앗이 생기질 않습니다. 이유는 메꽃은 뿌리로 번식하여 씨앗이 필요 없기 때문이랍니다.

나팔꽃 씨앗은 잘 맺혀서 떨어지면 겨울을 난 후에 싹을 틔우고 꽃을 피웁니다.

겨울이 한 번 지나가야 제대로 싹을 틔우고 꽃을 피우는데 그것은 씨앗에 겨울이라는 정보가 입력되고, 겨울이 지났다는 정보가 입력되면 싹을 틔우는 겁니다. 대부분의 풀꽃 씨앗들이 그런데 이들은 어떻게 겨울이 지났다는 것을 알까요?

애기나팔꽃

'꽃눈처리'라는 것이 있는데 영하의 기온에서 보름 정도를 지내는 것을 말합니다. 저온처리라고도 하지요. 영하의 낮은 기온에서도 얼지 않으려면 몸에 수분이 많으면 안 됩니다. 그러니까 씨앗 안에 최소한의 수분만 남겨두고 다 빼어내는 지혜가 필요하지요. 그렇게 목마름과 추위를 이겨내고 싹을 틔우고 꽃을 피우는 것, 그것이 식물의 세계입니다. 말하자면 고난의 시간이 있어야만 꽃을 피운다는 이야기지요. 작은 풀꽃들도 그런데 우리도 그렇지 않겠습니까?

살다 보면 어려운 일들이 누구에게나 옵니다.

그런데 그런 어려움은 자기에게만 오는 것이 아니라 누구에게나 오는 것입니다. 그리고 그 어려움은 누구나 이겨낼 수 있고 그 어려움을 통해서 더 멋진 사람이 되는 것입니다. 더 멋진 사람이 되라고 신이 주는 축복의 시험인 셈이지요. 누구에게나 고난이 온다는 것은 공평한 일입니다. 그리고 동시에 누구나 그 고난을 이길 수 있다는 것도 공평한 일입니다. 우리에게 닥쳐오는 고난, 그것은 우리를 쓰러트리기 위해 오는 고난이 아니라 우리를 연단시키기 위해 오는 고난입니다. 우리가 이길 수 없는 고난은 신이 허락하지 않는다고 합니다. '견딜만한 아픔을 주시는 분', 고난의 정점에서는 감사하기 어렵겠지요. 그러나 그 고난의 터널을 지나온 이들은 압니다. 그것이 얼마나 큰 사랑이었음을 압니다. 그 덕분에 자신이 얼마나 성숙하게 되었는지도 압니다. 그리하여 고난 중에서도 감사할 줄 아는 성숙한 삶을 살아갑니다. 그런 이들에게 아침의 영광이 비춰올 것이고, 그런 소식이야말로 기쁜 소식이 되는 것이겠지요.

고난 속에서도 굴하지 않은 사람들을 보면
가슴이 뭉클하지요?

그 사람들은 자신들을 위해서만이 아니라 그를 지켜보는 모든 사람에게 희망의 메시지를 준 것입니다. 말이 아닌 삶으로 말입니다. 이런 사람들이 많아질 때에 이 세상은 살만한 세상이 되는 것입니다. 아직도 살만한 세상인 이유는 바로 그런 아름다운 사람들 때문입니다. 그 한 사람이 바로 당신이시길 바랍니다. 그리고 저이길 소망합니다.

PHARBITIS NIL

17

보고 싶다고
다 볼 수 있다면
무슨 재민겨?

물봉선

가을이 가고 겨울이 오면 첫눈을 기다리는 분들이 많을 겁니다. 어릴적 하얀 눈이 소복소복 내리면 눈썰매도 타고, 눈사람도 만들고, 눈싸움도 하고, 참 재미있는 일들이 많았습니다. 사랑하는 사람들끼리 '첫눈 오는 날 만나자!' 약속하기도 했지요. 요즘도 그런 약속을 하는 사람들이 있는지는 모르겠지만, 첫눈, 그것은 참 낭만적인 것 같습니다. 첫눈이 제대로 와 준다면 확실할 텐데, 첫눈인지 긴가민가할 때도 있습니다. 그럴 때는 어떻게 할까요? 무조건 약속장소로 나가는 거지요. 저라면 그렇게 하겠습니다.

하얀 눈이 소복소복 내리면 혹시 손톱에 지난가을에 물들여놓은 봉숭아(봉선화)의 붉은빛이 손톱에 남아있는지 바라보곤 했습니다.

흰물봉선

어린 시절 누나들과 봉숭아꽃과 이파리를 빻아서 백반이나 괭이밥 이파리를 섞어서 손톱에 물을 들였거든요. 봉숭아 물을 들일 때마다 누나들은 "봉숭아 물이 든 손톱이 첫눈 올 때까지 남아 있으면 사랑이 이루어지는데"라고 말하곤 했지요. 그래서 첫눈이 오는 날 손톱에 봉숭아 물이 남아있으면 내가 짝사랑하던 친구와 사랑이 이뤄질까 콩닥콩닥 가슴이 뛰기도 했습니다. 그러나 손톱은 어찌 그리도 빨리 자라는지, 첫눈이 오기도 전에 봉숭아 물을 들였던 흔적은 사라져 버리곤 했답니다. 그래서인지는 모르겠지만, 첫사랑으로 기억되는 아이와는 인연을 맺지 못했습니다.

우리의 어머니들은 손톱에 물을 들이던 봉숭아(봉선화)는 주로 화단에나 집 뜰에 심었습니다. 씨앗이 익어갈 무렵 살짝 씨앗을 건드리면 '탁!' 하고 꼬투리가 말리면서 씨앗이 사방으로 튀어 나갔지요. 그곳에선 이듬해 다시 봉숭아가 피어났고 이후에는 일부러 가꾸지 않아도 여기저기서 잘도 자랐지요.

이번에 들려주는 봉숭아 이야기는 집에서 키우는 것과 사촌격인 물봉선에 관한 이야기랍니다.

물봉선도 역시 씨앗이 잘 익었을 때 살짝 건드리면 '투둑!' 하고 씨앗을 날려버리거든요. 언젠가는 건드리기만 하면 '투둑!'거리며 사방으로 튀며 내는 소리가 신기해서 가만히 앉아 그 장난을 해보니 눈에 잘 보이지도 않는 씨앗들이 얼굴을 때리는데 얼마나 간지럽던지요. 건들기만 해도 툭툭 터지는 씨앗, 그래서 봉숭아의 꽃말은 '나를 건드리지 마세요!'랍니다. 물봉선도 마찬가지고요.

노란물봉선

자, 그러면 이제 봉선화에 얽힌 이야기를 들어볼까요.

옛날 올림푸스 궁전에서 신들이 잔치를 열었단다.

잔치를 준비한 주인은 손님들에게 무엇을 대접할까 고민을 하다가 황금사과를 준비했어. 황금사과는 먹기만 하면 가장 아름답고 젊을 때의 모습으로 평생을 살 수 있다고 전해지는 전설의 과일이었지. 천하장사로 유명한 헤라클레스의 동상 중에 손을 뒤로한 것이 있는데 그 손에는 황금사과가 쥐어져 있기도 하지. 이 황금사과는 헤라클레스도 직접 구할 수 없어서 꾀를 내어 아틀라스에게 대신 구해오게 했다는 이야기가 그리스로마신화에 전해진단다. 이 황금사과가 얼마나 귀중한 것인지 알겠지? 그런데 그만 황금사과 한 개가 없어지고 말았어. 어느 심술궂은 장난꾸러기 신이 장난을 치려고 숨긴 거였어. 그런데 주인은 그날 신들에게 음식을 나르던 한 여인을 의심하게 되었고, 주인이 너무 화를 심하게 내는 바람에 장난꾸러기 신은 미처 자기가 장난을 쳤다고 이야기할 수가 없었어.

결국, 의심을 받은 그 여인은 쫓겨나고 말았단다. 너무나 억울했던 여인은 누명을 벗고자 갖은 노력을 다했지만, 자신의 결백을 증명하지 못하고 결국 죽게 되었어.

마음고생을 많이 하고 끝내 슬픈 최후를 맞이한 여인의 무덤가에는 꽃이 피어났고. 사람들은 그 꽃을 '봉선화'라고 불렀단다. 그래서 지금도 봉선화는 씨앗을 살짝 건들기만 해도 자기의 결백을 증명하려고 속내를 다 드러내듯 씨주머니를 터트려 자신의 속을 다 뒤집어 보이는 거란다. "황금사과는 절대로 제가 숨기지 않았다고요. 보세요!" 하듯 말이야.

물봉선은 산골짜기의 물가나 습지에 무리 지어 자라는데 자주색 물봉선, 흰색 물봉선, 노란색 물봉선이 있습니다.

제가 처음 만난 물봉선은 한라산 중산간도로변 습지를 따라 피어난 붉은빛이 아주 강한 자주색 물봉선이었습니다. 처음에 피기 시작할 때에는 한두 송이 피는 것 같더니만 9월쯤 되니까 도로변이 아예 보랏빛으로 물들더군요. 아무리 무심한 사람도 그 보랏빛의 행렬 앞에서 감탄하지 않을 수 없었을 것입니다.

제주도에 살 때에는 자줏빛 물봉선 밖에는 만나질 못했습니다.

그런데 꽃을 좋아하시는 분들이 노란색 물봉선과 흰색 물봉선도 만났다며 사진을 보여주는 겁니다. 사진으로만 보는 것하고 실물을 보는 것하고는 느낌이 다릅니다. 상사병이 걸렸지요. 얼마나 보고 싶은지 보랏빛 물봉선이 가득한 곳 어딘가에 있을까 해서 눈을 씻고 찾아봤지만 만나질 못했습니다. 결국, 노란색과 흰색의 물봉선을 만난 것은 제주도와는 멀리 떨어진 강원도였습니다. 많지는 않았지만 그래도 그리 힘들지 않게 볼 수 있었습니다. 보고 싶다고 다 볼 수 있다면 간절함이나 그리운 마음도 없겠지요. 세상살이의 묘미란 보고 싶다고 다 볼 수 없고, 갖고 싶다고 다 가질 수 없다는 데 있는 것인지도 모르겠습니다.

들꽃은 때론 우연히 다가오기도 하고, 때론 간절한 마음을 가지고 있을 때 다가오기도 합니다.

물론 앞서 이야기한 대로 아무리 보고 싶다고 해도 만날 수 없는 꽃들도 있겠지요. 제게는 모데미풀과 깽깽이풀이 그랬습니다. 깽깽이풀은 몇 년을 보고 싶어하다가 대구까지 내려가서 보고 왔는데, 모데미풀이 피어난다는 강원도 산골을 홀로 헤매기도 했는데 여태껏 그녀를 만나질 못했습니다.

우리는 마음만 먹으면 다 할 수 있는 것처럼 생각하고 살아가지만 마음먹는다고, 노력한다고 다 이뤄지는 것은 아닙니다.

간절하게 원하고 노력하는 것은 필요한 일이지만, 설령 그것이 이뤄지지 않았다고 할지라도 그 과정을 소중하게 여길 줄 아는 마음이 더 필요한 것이 아닐까 싶습니다. 결과에만 집착하지 않고 과정을 소중하게 여기며 한 걸음 한 걸음 나아가다 보면 우리 삶에 지천인 행복도 하나 둘 보이게 될 것이고, 그런 가운데 행운도 다가오는 것이겠지요.

어떤 사람은 과정은 상관없고 결과만 좋으면 된다는 사람들이 있는데 그는 참 어리석은 사람이라고 생각합니다. 왜냐하면, 우리의 삶, 어느 한순간도 소중하지 않은 시간은 없거든요.

18

엄마 일 가는 길에 하얀 찔레꽃

찔레꽃

엄마 일 가는 길에 하얀 찔레꽃
찔레꽃 하얀 잎은 맛도 좋지
배고픈 날 가만히 따먹었다오
엄마 엄마 부르며 따먹었다오
밤 깊어 깜깜한데 엄마 혼자서
하얀 발목 바쁘게 내게 오시네
밤마다 보는 꿈은 하얀 엄마 꽃
산등성이 너머로 일렁이는 꿈
가을밤 외로운 밤 벌레우는 밤
초가집 뒷전이 어두워지면
엄마 품이 그리워 눈물 흘리다
마루 끝에 나와 앉아 별만 헵니다.

찔레를 볼 때마다 나도 모르게 입가에 맴도는 노랫말입니다.

하얀 찔레꽃이 필 무렵이면 풀 향기가 풋풋하게 바람을 타고 오기도 하고, 이른 새벽이나 저녁 무렵이면 찔레꽃 향기가 그윽하게 대지를 감쌉니다. 이런 찔레꽃의 향기도 도시화하면서 어디론가 숨어버렸지만, 아직도 시골에서는 찔레꽃 필 무렵이면 찔레꽃의 그윽한 향기를 맡을 수가 있습니다.

찔레꽃이 한창 올라올 무렵이면 새끼손가락 굵기의 찔레 순이 올라오고 그것을 꺾어 껍질을 벗겨 내고 먹으면 아삭한 맛이 있습니다. 특별히 무슨 맛이라고 할 것은 없지만 무미건조한 맛, 그러면서도 자꾸만 꺾어 먹고 싶어지는 것은 자연의 맛 때문이라고 해야 할 것 같습니다. 어릴 적에는 아카시아의 새순과 찔레꽃의 새순을 꺾어 먹기도 하고 진달래꽃과 아카시아꽃을 따 먹기도 했습니다. 노랫말에도 나오기에 찔레꽃을 따 먹어도 보았지만 씁쓰름한 맛이 강해서 그냥 뱉어버린 기억도 납니다. 아마 시적인 가사가 아닐까 싶기도 하고 찔레순을 따 먹은 것을 그렇게 표현했는지도 모르겠습니다.

그런데 친구들 사이에 전해지는 말 중에는 찔레순을 많이 먹으면 피가 말라 죽는다는 이야기가 있었습니다. 뱀딸기도 그 중 하나였지요. 하필이면, 그 이야기를 처음 들었을 때가 학교에서 집으로 돌아오는 길에 찔레순을 따먹고 오던 길이었습니다. 어쩌면 제가 찔레순을 따먹었다고 하니까, 친구가 놀려주려고 꾸민 이야기일지도 모르겠습니다. 아무튼, 그날 밤에 잠을 자는데 얼마나 걱정이 되던지요. 다음 날 아침, 눈을 떴을 때 동쪽으로 난 창호지를 붙인 문으로 들어온 은은한 햇살을 바라보면서 하나님께 감사기도를 드렸지요. 그때 이후로는 찔레순을 먹지 않았던 것 같습니다.

어른이 되어 제주도에서 고사리를 꺾으러 간 길에 실한 찔레순을 만났습니다. 하나 꺾어 먹어보았습니다. 그 맛을 뭐라고 표현해야 할지 모르겠습니다. 아카시아순이나 삐삐보다는 맛이 없지만 시큼털털한 며느리밑씻개의 이파리보다는 맛났습니다.

아카시아꽃이나 골담초의 꽃은 참으로 맛있었지요.

갓 열린 박주가리의 열매를 아침에 따먹으면 입안에 풀 향기가 가득 돌기도 했는데 그런 입맛들을 다 잃어버린 탓인지도 모르겠습니다. 그런 것들을 먹고 싶습니다. 그런 것들을 먹어본 지가 너무 오래되었습니다.

제주에 살 적에 동네 할아버지 한 분은 아침 산책을 할 때마다 솔잎을 따서 씹는다고 했습니다. 송아는 먹어본 적이 있었지만, 솔잎을 날로 씹어본 적이 없었는데 그 말을 듣고는 저도 산책길에 솔잎을 따서 씹어보았습니다. 그 떫고 쌉싸름한 맛이란…. 그런데 조금 더 씹다 보니 단맛이 납니다. 그리고 입 냄새가 싹 가십니다. 그래서 간혹 입이 텁텁할 때면 솔잎을 따서 씹었습니다. 서울에서 살다 보니 솔잎 대신 껌이나 가글액으로 대체하고 있네요. 도시의 생활에서는 공짜가 없는 것 같습니다. 그러나 자연은 다가가면 자신들이 줄 수 있는 것들을 거저 줍니다.

찔레꽃의 가지는 기댈 곳만 있으면 한없이 기대어 하늘로 향하는 꽃이랍니다.

기댈 것이 없으면 자기들끼리 기대고 서로가 서로에게 의지하여 덤불을 만들고는 합니다. 가시덤불을 만드는 것이지요. 찔레꽃 같은 것들이 숲 가장자리에 가시덤불을 만들면 가시 때문에 함부로 숲에 드나들 수가 없습니다. 제주도에서는 봄이 오면 고사리를 많이 꺾으러 다닙니다. 사람이나 동물들의 손길이 잘 닿지 않는 찔레 덤불 속의 고사리는 얼마나 실한 지 모릅니다. 찔레 덤불 속에 있는 고사리를 꺾다가 손이나 팔뚝에 가시가 박혀도 아픈 줄 모르고 고사리를 꺾어 재어보면 어른 팔길이만 한 것도 있습니다.

가시가 많아 쉽게 다가갈 수 없는 존재, 그러나 사실 자연에서 가시는 남을 공격하기 위해서라기보다는 자기를 지키기 위한 수단입니다. 그래도 가시를 성성하게 내고 있으면 함부로 가까이할 수는 없겠지요? 그래서인지 찔레의 꽃말은 '고독'이랍니다.

찔레꽃 이야기는 고려 시대로 거슬러 올라갑니다.

고려 시대 때 국력이 약해서 몽골의 지배를 받았던 시기가 있었단다. 그래서 몽골족에게 일 년에 한 번씩 예쁜 처녀들을 바쳐야만 했지. 어느 시골 마을에 찔레라고 하는 예쁘고 마음씨 착한 처녀가 살고 있었는데 그녀도 다른 처녀들과 함께 몽골로 끌려가서 그곳에 살게 되었단다.

찔레는 다행스럽게도 마음씨가 좋고 돈이 많은 몽골사람을 만나서 어렵지 않게 살아갈 수 있었어.

그러나 찔레는 늘 그리운 고향과 고향에 두고 온 부모님과 동생들을 잊을 수가 없었어. 고향 생각을 하느라 늘 슬픔에 젖어 있었고, 특히 명절 때가 되거나 보름달이 휘영청 뜨는 밤이면 잠을 이루지 못하고 고향을 바라보면서 눈물을 흘리곤 했지.

그렇게 10년이라는 긴 세월이 흘렀어. 어느 날 주인이 이 모습을 보고 찔레를 기쁘게 해 주려고 사람을 고려로 보내 부모님과 동생들을 찾아보라고 했지만 찾질 못하고 그냥 돌아왔어. 부모님과 동생들을 찾지 못했다는 소식을 들은 찔레의 마음은 더 아팠고, 급기야는 가족과 고향을 그리워하는 마음이 깊어지면서 향수병에 걸리고 말았단다.

찔레의 병은 마음의 병이라 누구도 고칠 수 없는 병이었어. 보다 못한 주인이 찔레에게 고향의 가족을 직접 찾아가도록 허락을 했단다. 그 대신 딱 한 달만 있다가 오라는 조건을 붙였고, 한 달 동안 가족을 찾지 못하면 가족으로 말미암아 슬퍼하지 말아 달라고 약속을 했어.

찔레는 꿈에도 그리던 고향 집을 찾았지. 그러나 이미 고향 집은 불에 타 없어졌고, 수소문을 해보아도 가족들의 소식을 알 수가 없었어. 찔레는 부모님과 동생들의 이름을 애타게 부르며 여기저기 산속을 헤맸지만, 가족을 만날 수는 없었단다.

어느새 한 달 기한이 다하고 찔레는 다시 몽골로 돌아가야 할 처지가 되었단다. 가족을 찾지 못한 찔레는 몽골로 돌아가서 혼자 호화스러운 생활을 하는 것이 죄짓는 것만 같았고, 그곳에 돌아가도 자기는 행복하게 살 수 있을 것 같지가 않았어. 그래서 고향 집 근처에서 목숨을 끊고 말았단다.

이듬해 찔레가 가족을 찾아 헤매던 곳곳마다 꽃이 피어났는데 사람들은 그것을 찔레꽃이라고 불렀어. 다시는 누가 자기를 꺾거나 캐가지 못하도록 줄기마다 가시를 성성하게 단 찔레, 그러나 향기만큼은 찔레꽃이 보이지 않아도 누구나 찔레꽃이 피었다는 것을 알 수 있을 정도로 진하고 그윽한 향기를 품었지.

찔레는 꽃이 되어서도 지금도 누군가를 붙잡고 "우리 엄마, 우리 동생들을 본 적이 있나요?" 하고 물어보려는 듯 가시로 잡아당기곤 하지.

찔레꽃이 하얀 눈처럼 피었다가 지면 어느새 여름이라는 계절이 성큼 다가옵니다.

꽃이 지고 나면 열매를 맺는데 붉은색으로 익지요. 한겨울에도 하얀 눈 속에서 붉은빛을 발하고 있어서 배고픈 새들의 배를 채워줍니다. 그만큼 찔레의 마음만큼은 따스했다는 증거가 아닐까 싶습니다.

가시가 있어 쉽게 가까이하기는 어려운 꽃이지만 그의 향기나 꽃은 조금 떨어져서 바라보아도 충분히 느낄 수 있답니다. 찔레꽃이 이렇게 자기 가까이 다가오지 못하게 하는 이유는 아마도 원하지 않게 몽골족에게 끌려간 아픈 경험 때문이 아닐까요?

ROSA MULTIFLORA

19

풀섶에서 반짝이는 작은 별

보라별꽃

'별꽃'이라는 이름이 붙은 꽃들은 대부분 작습니다.

큰개별꽃이라고 '큰'자가 붙은 별꽃도 겨우 새끼손가락의 손톱만 하고, 그냥 별꽃들은 작아서 "저것도 꽃이야?" 할 정도로 작지요. 이번에 소개하는 '보라별꽃'은 '뚜껑별꽃'이라고도 하는데 별꽃 중에서는 제법 큰 것이기도 하고, 색깔도 화사해서 아주 특별한 별꽃이라 할 수 있습니다.

작은 꽃들이 자기들이 피어 있다는 것을 보여주려면 어떻게 해야 할까요?

옹기종기 모여서 피어나는 방법이 있습니다. 그래서 쇠별꽃이나 개별꽃 같은 것들은 무리지어 피어나기 때문에 아무리 작아도 쉽게 만날 수가 있지요. 그런데 보라별꽃은 색깔과 크기가 여느 별꽃과 다르고 특이하기 때문인지 모여서 피어 있긴 해도 드문드문 피어 있습니다. 물론 다 그렇게 피어 있지 않을 수도 있지만, 꽃을 찾아 떠나는 여행길에서 내가 만난 그들은 모두 드문드문 피어 있어서 쉽게 찾을 수가 없었습니다.

보라별꽃은 남도의 바닷가 근처에서 자란다고 소개되어 있습니다.

내가 그를 만난 것도 최남단 제주도의 종달리 바닷가와 소를 닮은 섬 우도에서 서너 차례 만났을 뿐입니다. 그래서인지 여느 별꽃들보다 각별하게 다가오는 꽃이기도 하지요.

별꽃이나 작은 꽃을 볼 때마다 밤하늘에 빛나는 별들이 땅에 내려와 핀 것만 같다는 생각을 합니다. 하나님이 밤에만 보이는 별들을 낮에도 볼 수 있도록 땅에도 달아주신 것이 아닐까 생각하면 너무 고맙고, 그들을 바라볼 때마다 '별 하나, 별 둘' 별을 세듯이 꽃을 세어보기도 합니다. 바람에 꽃잎이 떨어지면 유성이 떨어진 듯하고, 저 꽃잎은 또 어느 곳에 가서 별꽃으로 피어나는 것일까 상상을 하기도 하지요. 꽃을 보면서 이런저런 상상을 하는 것은 참 즐거운 일입니다. 많은 분이 꽃이나 자연을 보고 감동을 받아 귀한 문학작품들을 많이 남긴 것을 보면 자연이야말로 문학의 보고요, 그중에서도 꽃은 백미라고 할 수 있지요.

별꽃에 대해 어떤 이야기가 전해질까 찾아보았지만 전해지는 별다른 이야기가 없더군요. 그래서 꽃에 관한 이야기를 제가 만들어 봤습니다.

아주 먼 옛날, 하나님이 하늘에 별을 달아가며 밤하늘을 예쁘게 만들어가고 있을 때였어. 형형색색의 별을 만들어 하늘에 하나 둘 달아 주셨지. 그리고 별들이 나이가 많이 들어 힘들어 하면 언제든지 유성이 되어 땅으로 내려가 땅에 기대어 편안히 쉴 수 있게 하셨지. 우리가 별똥별이라고 하는 것이 유성인데 하나님은 그 별들이 어디로 떨어지는지 알고 싶어서 별똥별들에게 꼬리를 달아주셨단다. 아주 짧은 순간이지만 그 별똥별의 꼬리만 보고도 하나님은 별들이 어디에 떨어지는지 알 수 있었어. 하나님은 그

들에게 오랜 세월동안 밤하늘을 비추어준 수고에 감사하며 선물을 주었어. 그 선물이란 별똥별이 떨어진 그곳에서 별을 닮은 작고 예쁜 꽃들이 피어나게 하신 것이란다.

하나님은 밤에는 밤하늘에 빛나는 별을 보며 시를 짓고, 낮에는 땅에 피어 있는 별들을 보며 노래를 지었지. 하나님은 너무 기분이 좋아서 별똥별들에 또 한 가지 선물을 주고 싶어 별똥별들에 물었지.

"얘들아, 너희 땅으로 내려갈 때 선물로 무엇을 받았으면 좋겠니?"

"선물요? 이미 주셨잖아요. 예쁜 꽃이 되는 선물을 주셨잖아요."

"그런데 또 주고 싶어서."

"그러면 저희를 보는 사람들 마음속에 들어 있는 소원 한 가지씩 들어주세요."

"그래, 그러나 나쁜 소원은 안 되고, 딱 한 가지 소원이다."

그래서 별똥별이 떨어지는 것을 보면서 소원을 빌면 소원이 이뤄진다는 전설이 생겼단다. 너희도 밤하늘을 바라보다 별똥별이 떨어질 때 소원을 한 번 빌어보렴. 그러나 그 소원을 빌 시간이 길지 않기 때문에 아주 소중한 것을 마음에 담고 있다가 떨어지는 순간에 기도해야 하는 거야. 물론 예쁜 소원이어야 한단다.

그런데 별 중에서 보라별이 있었단다. 무지개색깔 중에서 맨 마지막에 우리가 부르는 보라색 말이야. 빨간색에서부터 별을 만드시던 하나님이 그만 보라별을 만들려고 하시는데 동녘에서부터 해가 뜨기 시작한 거야. 하나님은 서둘러 보라별을 만드셨지만 다른 별들보다 많이 만들지는 못했단다. 그래서 다른 별꽃들보다 보라별꽃은 많이 볼 수 없는 거란다.

별은 하늘에도 있지만, 우리 마음속에도 있고, 땅에도 있단다.

별은 어둔 밤하늘에서 더욱 빛나고, 특히 추운 겨울날에는 다른 계절보다도 더 빛난단다. 어둠이 깊을수록 더 빛나고, 추울수록 더 빛난다는 사실을 통해서 별에게 우리가 무엇을 배울 것인가 알 수 있을 것 같지 않니?

바닷가 풀밭에서 자라는 보라별꽃,

작은 꽃이지만 대견스러운 것은 바다에는 폭풍도 있고 거센 파도도 있기 때문입니다. 세상에서 가장 낮은 곳에 있지만 가장 넓은 바다는 늘 생명이 살아 숨 쉬고 있지요. 아주 작은 이슬방울 혹은 저 깊은 산 속의 샘물로부터 흘러내려 온 물들이 실개천이 되고, 내가 되고, 강물이 되어 바다로 흘러들어옵니다. 낮은 곳으로 흐르는 물, 그 종착지가 바다니, 바다는 낮음으로 인해 세상에서 가장 넓고 깊은 존재가 된 것입니다. 게다가 바다는 깨끗한 것만 받아들이는 것이 아니라 더러운 것들도 마다치 않고 받아들입니다. 더러운 것들까지도 품으면서 바다가 늘 생명의 잔치를 벌일 수 있는 이유는 폭풍 때문이랍니다. 폭풍이 몰아치면 저 깊은 바닷속까지 다 뒤집히거든요. 그래서 바다는 썩지 않는 겁니다. 결국, 우리가 살아가면서 마주하게 되는 어려운 일들(상징적으로 나타낼 때 어둠, 겨울, 폭풍이라고들 하지요)은 결국 우리가 굴복해야 할 대상이 아니고, 우리를 넘어뜨리기 위한 신의 시험도 아니라는 사실을 별과 바다를 보면서 알 수 있는 거랍니다.

자연은 아무 말도 하지 않는 것 같지만,

우리가 마음을 열고 그들의 소리에 귀를 기울여보면 수없이 많은 이야기를 우리에게 들려줍니다. 저는 여러분이 자연이 들려주는 소리를 들을 수 있는 바다와 같이 넓은 마음을 가졌으면 하는 소망을 품고 있습니다. 그 넓은 마음으로 풀섶에 피어난 들꽃도 바라보고, 그들이 들려주는 이야기도 듣는다면 어떤 어려운 일도 여러분의 앞길을 막아서질 못할 겁니다.

ANAGALLIS ARVENSIS

20

들판에 피어난 꽃을 그린 화가는 누구일까?

붓꽃

어릴 적에는 여름날 비 오고 난 뒤에 무지개를 종종 보았는데 어른이 되고 나서는 무지개를 거의 보질 못한 것 같습니다. 무지개가 걸려있는 곳으로 달려가 보면 어느새 무지개는 또 그만큼의 거리를 두고 걸려있습니다. 달려가도 달려가도 거리는 좁혀지지 않다가 사라져 버리는 무지개를 보면서 무지개 다리를 걷는 상상을 하기도 했습니다.

무지개가 뜨면 비가 그친다는 징조로 받아들였습니다. 아마도 성서에 나오는 노아의 방주 이야기 때문일 것입니다. 그리고 실재로도 무지개가 뜨는 때는 비가 그친 다음이니 당분간 비가 내리지 않을 것을 알았던 것이지요.

세상을 창조하신 하나님께서 인간들이 못된 짓을 많이 하니까 인간들을 지으신 것을 후회하시고 물로 세상을 심판하시려고 하셨어. 40일 밤낮으로 비를 내려서 세상의 모든 것을 싹 쓸어버리실 작정이셨지. 그래도 노아라는 사람만은 하나님 마음에 들어서 하나님은 그를 통해 산에 방주를 만들게 하시고는 모든 짐승을 한 쌍씩 방주에 넣게 했고, 방주에 탔던 노아의 가족과 짐승들만 살아남게 하셨단다. 40일 밤낮으로 내린 비는 온 세상을 다 쓸어버렸고, 산 위에 있던 노아의 방주도 물 위에 둥둥 떠다녔지. 물이 빠지고 다시 육지가 드러나자 노아의 가족은 하나님께 이젠 나쁜 짓 하지 않고 살겠다고 제사를 지냈단다. 그때 하나님은 다시는 물로 심판하지 않으시겠다는 약속을 하시면서 그 증거로 하늘에 무지개를 달아주셨어. 그래서 무지개는 기쁜 소식(복음)의 상징이기도 하단다.

꽃 이야기를 하다가 갑자기 왜 무지개 이야기냐고요?

이번에 들려줄 꽃이 붓꽃이거든요. 붓꽃의 서양 이름은 '아이리스'고, 아이리스는 무지개라는 뜻, 그래서 꽃말도 '복음(기쁜 소식)'입니다.

금붓꽃

각시붓꽃

붓꽃은 꽃이 피기 전의 생김새가 꼭 붓을 닮았습니다. 붓꽃의 종류에 따라 색깔도 다르고 모양도 다르지만, 공통점은 꽃망울이 먹물을 잔뜩 머금은 붓처럼 생겼다는 것이지요. 여러 가지 색깔의 붓꽃을 보면 붓꽃만 가지고도 멋진 그림을 그릴 수 있을 것 같은 착각에 빠지곤 합니다. 입술을 앙다문 붓꽃이 아침이슬이나 빗방울을 머금고 있으면 마치 물감이 뚝뚝 떨어질 것만 같거든요.

금붓꽃

노랑무늬붓꽃

우리나라의 국화(國花)는 무궁화고, 일본의 국화는 사꾸라(벚꽃), 프랑스의 국화는 붓꽃입니다. 그런데 붓꽃, 아이리스에 대한 전설은 프랑스가 아닌 이탈리아에 전해지고 있습니다.

이탈리아 피렌체라는 곳에 아이리스라는 예쁜 아가씨가 살고 있었단다.

부잣집에서 태어난 그녀는 지혜로운데다가 마음씨까지 고왔지. 아이리스에게 반한 수많은 청년이 청혼했지만, 아이리스는 부모님의 뜻을 따라 어느 왕자와 결혼을 하게 되었단다. 그런데 아이리스의 결혼 생활은 행복하지 못했어. 결혼한 지 10년도 되지 않아 왕자가 죽고 말았던 거야. 아이리스는 홀로 살게 되었지만, 여전히 아름다운 용모와 교양으로 많은 남자의 마음을 설레게 했단다. 다시 여러 남자가 청혼을 해왔지만, 그녀는 누구의 청혼도 받아주질 않았단다. 이 정도면 이미 상상력이 풍부한 친구는 '누구의 청혼도 받아주질 않았단다.' 하는 대목에서 아이리스가 누군가의 청혼은 받아주겠구나! 눈치를 챘겠지?

각시붓꽃

그래, 맞아. 어느 날 그녀는 젊은 화가 한 사람을 알게 되었지. 두 사람은 점점 친해졌고 화가는 아이리스에게 청혼했지. 그러나 아이리스는 거절했어. 아이리스가 거절했지만, 화가는 그녀가 감탄할 만큼 포기하지 않고 끈질기게 결혼해달라고 했어. 그러자 아이리스는 더는 거절하는 것도 예의가 아니다 싶어 한 가지 제안을 했단다.

"들에 피어 있는 꽃과 똑같은 꽃을 그리세요. 그리되 그 꽃에 나비가 날아와서 앉을 수 있는 꽃을 그리세요. 그러면 청혼을 받아들이겠습니다."

화가는 밤낮을 가리지 않고 정성껏 그림을 그렸고, 마침내 그림이 완성되었어. 그림을 본 아이리스의 마음에도 꼭 드는 그림이었지. 그러나 그 그림에는 나비가 날아들지 않았어.

"당신의 청혼은 없던 것으로 하겠습니다."

"아이리스, 잠시만 기다려 보십시오."

그때 어디선가 예쁜 노랑나비 한 마리가 훨훨 날아와 꽃 그림에 앉았어. 아이리스는 화가의 청혼을 받아들였지. 그 화가가 그린 그림은 바로 그녀가 사랑하던 여인과 똑같은 이름을 가진 아이리스(붓꽃)이었어.

모든 꽃은 예쁘지만 같은 꽃도 언제 어떤 자리에서 보는가에 따라 다르게 보입니다.

등심붓꽃

붓꽃은 활짝 핀 모습도 예쁘지만, 꽃을 피우기 전 붓처럼 입을 꼭 다물고 있을 때 더 예쁘고, 특별히 새벽에 이슬을 달고 있는 모습, 거기에 아침 햇살이 작은 이슬방울을 빛나게 할 때가 가장 예쁩니다. 물론, 저의 개인적인 취향입니다. 마치 붓꽃에서 물감이 떨어질 것만 같고, 이슬 한 방울이 '툭!' 하고 떨어지는 그 순간에는 꽃의 색깔을 닮은 물감이 땅으로 떨어진 것 같은 착각 때문이지요. 붓꽃 주변에 피어난 각양각색의 들꽃들은 붓꽃으로 그린 창조주의 작품이 아닐까요?

보랏빛 붓꽃에서 이슬 한 방울이 '툭!' 떨어지면 보라색 물감이 대지를 물들여갈 것만 같고, 노랑붓꽃에서 이슬 한 방울이 '툭!' 떨어지면 노랑 물감이 수채화처럼 대지를 물들여갈 것만 같습니다. 작은 등심붓꽃은 세필을 닮았으니 아주 작은 그림을 그릴 때 사용하면 좋을 것 같고, 각시붓꽃은 새색시 시집갈 때 연지곤지 찍어줄 때 사용하면 좋을 것 같고, 금붓꽃은 탱화를 그릴 때 사용하면 좋을 것 같습니다.

먹으로 화선지에 그림을 그려본 적이 있는지요?

먹을 잔뜩 머금은 붓을 가만히 화선지 위에 올려놓으면 서서히 먹물이 화선지 위로 퍼집니다. 붓꽃을 보노라면 마치 붓꽃이 온 세상을 서서히 자기의 색깔로 바꿔가면서 채색을 하는 것 같은 생각이 듭니다. 각진 선이 아니라 부드러운 퍼짐의 미학을 간직한 꽃, 그럼에도 자신들의 이파리나 꽃은 난을 친 듯이 분명한 선을 간직하고 있습니다.

등심붓꽃

갖가지 색깔의 붓꽃들을 모아 무지개를 그려보면 어떨까요?

참 예쁠 것 같습니다. 무지개가 아닌 어떤 그림이라도 참 예쁜 그림이 그려질 것 같습니다. 그냥 예쁘기만 한 것이 아니라, 그림을 보는 이들을 행복하게 할 것 같습니다. 그러고 보니 들판에 피어나는 꽃들 모두 예쁜 그림들입니다. 살아있는 그림입니다. 어떤 화가가 이런 그림을 그릴 수 있을까요?

등심붓꽃

노랑무늬붓꽃

IRIS SANGUINEA

21
거친 들핀에 피어나
더 아름다워라
패랭이꽃

'패랭이'는 옛날에 신분이 낮은 천민계급 사람들이 쓰고 다니던 모자의 일종인데, '패랭이꽃' 하고 이름만 들어도 서민들이 쓰고 다니던 패랭이를 닮은 꽃이라는 것을 아셨을 것입니다.

패랭이는 석죽화(石竹花)라고도 하는데 줄기가 마치 대나무처럼 마디가 있고, 우거진 풀섶 사이에서 쭉쭉 올라와 피어난 모습은 가히 대나무의 절개를 보는 듯하여서 붙여진 이름입니다. '석죽화'를 풀어보면 '바위에서 자란 대나무꽃'이라는 뜻인데 이 이름과 관련해서 구전되는 이야기가 있습니다.

옛날 한 장사가 가까운 산의 바위에 사는 나쁜 돌귀신(石靈)을 물리치려고 바위에 화살을 쏘았데. 그런데 장사가 쏜 화살이 얼마나 세게 바위에 박혔는지 나쁜 돌귀신은 그 바위를 떠날 수밖에 없었다네. 그런데 바위 깊숙이 박힌 화살을 아무리 빼려고 해도 빠지질 않는 거야. 장사도 결국 포기하고 길을 떠났는데 그곳에서 대나무의 마디를 닮은 예쁜 꽃이 피어났데. 그래서 그 꽃을 석죽화라고 불렀데. 실제로 석죽화는 정말 척박한 바위틈에서도 잘 피어나지만 주로 들판에 많이 피어나고, 비옥한 곳보다는 거치른 들판에 많이 피어나지.

거친 들판, 그곳에 거친 들판을 닮은 꽃이 아니라
고운 꽃을 피운다는 것은 신비로운 일입니다.

사막에서 오아시스를 만나는 것과도 같은 기분이 이런 기분이 아닐까요?

어떤 분들은 자기도 아름다운 삶을 살아가고 싶은데 세상이 그렇지 못하다고 하기도 합니다. 그러나 그것은 엄밀하게 말하면 잘못된 생각입니다.

거친 들판에 피어나는 꽃들은 척박한 환경일수록 더 화사하게 피어나고 향기도 더 깊거든요. 어둠 속에 빛나는 불빛도 그러합니다. 밝은 낮에는 켜 있으며 존재감을 알 수 없는 가로등이 밤이 되면 환하게 그 존재감을 드러냅니다. 그러니 오히려 세상이 아름답지 못하다면, 아주 조금만 아름답게 살아가도 충분히 빛날 수 있지요. 이렇게 생각하면, 세상이 아름답지 못하기 때문에 내 삶을 꽃피우지 못하는 것이 아니라 내 삶을 아름답게 피워가기 위한 노력이 부족했기 때문이라는 것을 인정할 수밖에 없을 것입니다. 자신의 삶을 아름답게 하고 싶다는 생각만으로 삶이 아름다워지는 것은 아닙니다. 그 생각도 중요하지만, 그 생각을 이루기 위한 행동이 따라줘야 합니다. '꿈은 이루어진다'는 말이 있는데, 그냥 꿈을 꾸는 것만으로 이루어지는 것이 아닙니다. 꿈을 이루기 위한 행동이 따라줄 때 꿈은 반드시 이루어지는 것입니다.

석죽패랭이

석죽패랭이

가만히 생각해 보면 거친 것이나 고운 것이나 자연에서는 서로 더 빛내주는 역할을 하는 것이 아닐까 싶습니다.

사막이 있어 오아시스가 더욱 빛을 발하듯이 거친 들판이기에 패랭이꽃은 자신의 고운 빛을 더욱더 빛낼 수 있는 것은 아닐까요? 패랭이꽃이 고운 꽃들과 함께 있었어도 그렇게 빛날 수 있었을까 싶은 생각이 들 때가 있습니다. 자연은 더불어 서로 빛내주는 삶을 살아갑니다. 그것이 자연스러운 것입니다. '자연스럽다'는 말, 그것은 자연의 섭리를 따라 살아간다는 말과도 통합니다. 자연의 섭리를 따라 살아가려면 자연을 바라봐야 하는 것은 기본입니다.

요즘 원예종 패랭이꽃들이 개량종으로 각양각색의 화사한 빛으로 공원이나 길거리의 화단을 장식하곤 하지만 거친 들판에 피어 있는 외로

운 패랭이 한 송이에 비하면 오히려 초라합니다. 누군가 원예종 패랭이 한 다발과 거친 들판에 피어 있는 패랭이 한 송이를 택하라고 한다면 저는 망설이지 않고 거친 들판에 피어난 패랭이를 고를 겁니다. 원예종 패랭이보다 화사하진 않지만, 그에게는 원예종에서는 볼 수 없는 자연의 아름다움이 있거든요.

저는 패랭이꽃을 보면 천민이라고 천덕꾸러기 취급을 받았지만 끈질긴 삶을 살았던 사람들을 떠올립니다. 서민적인 아름다움을 간직한 수수한 꽃이며 예쁜 꽃들에 비해 강인한 꽃이기 때문입니다. 아름다운 꽃들은 외모에 신경을 쓰느라 그런지 강인하지 못한 경우가 종종 있는데 패랭이꽃은 어느 곳에나 잘 적응을 한다는 점도 서민들을 닮았다고 할 수 있지요. 패랭이꽃이나 난을 잘 키우려면 조금 게을러야 한다는데, 매일 물을 주고 거름을 주기보다는 그냥 내버려두어야 제 모습대로 피어나고, 목이 말라야 꽃을 피운답니다.

패랭이꽃의 꽃말은 '순결한 사랑'인데 꽃말과는 크게 관련은 없지만 이런 이야기가 전해지고 있습니다.

그리스에 리크네스라는 젊은이가 살고 있었단다.

그런데 그는 일찍 부모님을 여의고 홀로 살았어. 살 길이 막막한 젊은이는 당시 한창 번성하던 로마로 돈벌이하러 떠났지. 우리나라 사람들이 과거에 '아메리칸 드림'을 꿈꾸고 미국으로 건너간 것이나 외국인 노동자들이 '코리안 드림'을 꿈꾸고 우리나라로 오는 것과 닮았으니 '로마 드림'을 품고 그곳으로 갔다고 할 수 있겠지.

로마에서는 개선장병이나 영예로운 시민에게 월계수로 관을 만들어 주었단다. 이 면류관을 만드는 일은 주로 부녀자들이 하는 일이었는데 리크네스는 이 일을 하게 되었어. 그가 만든 면류관은 훌륭해서 곧 재주를 인정받게 되었고 주문이 쇄도하기 시작했단다.

그러자 그것을 업으로 삼고 살던 많은 사람이 그를 시기했고 니크트라라는 여자가 하인을 시켜 그를 죽여 버리고 말았단다.

로마 사람들이 그의 죽음을 슬퍼하면서 신에게 기도하니 아폴로 신이 그 기도를 듣고 리크네스를 붉은 패랭이로 만들어 다시 태어나게 했다는 이야기가 전해진단다. 월계수로 만든 면류관이 머리에 쓰는 것이고 패랭이도 머리에 쓰는 것이니 공통점은 있지?

그렇다면 '순결한 사랑'이라는 꽃말이 붙은 내력은 뭘까요?

상상해 보건대 대나무를 닮은 곧은 줄기가 그런 꽃말을 붙이게 한 것은 아닌가 싶습니다. 사랑하는 사람을 향한 사랑이 올곧아서 변하지 않는 모습을 떠올린 것은 아닐까요? 오직 한 사람만을 향한 사랑, 처음 사랑을 끝까지 간직하는 마음을 담은 꽃말이겠지요.

술패랭이

석죽과의 꽃 중에서 우리와 친숙한 꽃은 어버이날이 되면 부모님께 선물하는 카네이션입니다.

카네이션도 석죽과의 꽃이고 가만히 보면 꽃의 크기가 크고 겹꽃이라서 그렇지 영락없이 패랭이꽃과 똑같습니다. 부모님의 한결같은 사랑은 바로 '순결한 사랑'이라고 할 수 있습니다. 그 순결한 사랑에 감사하는 마음으로 '카네이션'을 선물하는 것이니 잘 어울리지요. 카네이션의 꽃말은 '모정', '감사'랍니다.

거친 들판에 고운 꽃으로 피어난 패랭이꽃 이야기를 읽으면서 무슨 생각을 했습니까?

살다 보면 누구나 어려운 일들을 만나게 됩니다. 그러나 신은 우리에게 어려운 일을 주실 때 우리가 이길 수 있는 것만 주신다고 합니다. 어려운 일을 주시는 이유는 더 멋진 속내를 가꿔가게 하기 위한 일종의 선물이라고 합니다. 어려운 일이 있을 때는 조금 멀리 볼 필요가 있습니다. 지금 눈앞에 보이는 것이 전부가 아니라는 것, 그것을 알면 아무리 거친 들판 같은 곳에서도 고운 꽃을 피울 수 있겠지요. 그렇게 살아가시길 바랍니다.

DIANTHUS CHINENSIS L.

22

우리 아이들에게 무엇을 물려줄까요?

미나리아재비

이른 봄 양지바른 들판이나 무덤가 혹은 습지에서 반짝반짝 노란 빛으로 피어나는 예쁜 꽃을 본 적이 있는지요? 햇살이 좋은 날에는 잘 닦은 구두가 반짝반짝 빛나는 것처럼 꽃잎이 반짝거리는 그런 꽃이 있습니다. 양지꽃과 모양새는 비슷하지만 키가 훌쩍 크지요.

이 꽃의 이름은 '미나리아재비'인데 이름을 분석해보면 이런 뜻이 있습니다.

'미' (물을 뜻하는 말) + 나리(나물을 뜻하는 말) + 아재비(아저씨의 낮춤말로 아주 가까운 사이를 가리키는 말) = 미나리아재비

'미나리'를 모르는 분들은 없겠죠?

논이나 습지에서 자라는 나물인데 향기가 좋아서 날로 먹기도 하고, 해물탕이나 샤브샤브 같은 국물이 많은 음식을 만들 때도 사용하고, 전으로 부쳐 먹기도 하고, 갖은 양념을 해서 조물조물 무쳐놓으면 상큼한 나물이 되는 그 미나리를 모르는 분들은 없을 것입니다.

그러니까 미나리아재비는 미나리의 사촌쯤 된다고 보면 되겠지요.

미나리는 논이나 습지에서 잘 자라는데 미나리아재비도 역시 그렇긴 하지만 물이 적은 들판이나 무덤가 같은 곳에서도 잘 자랍니다. 그런 점에서 미나리와 미나리아재비는 차이가 있습니다. 식물의 이름에는 비슷한 성격이지만 동시에 전혀 다른 성격을 가지는 것에 '아재비'라는 말이 붙습니다.

미나리아재비의 꽃말은 '천진난만함'이랍니다.

아이들을 보면서 어른들은 아이들의 천진난만함을 봅니다. 그 아이들이 귀여운 것은 누구라도 한때는 그런 시절이 있었기 때문이지요. '천진난만'이란 아무런 꾸밈이 없이 말과 행동이 그대로 나타남을 이르는 말입니다. 조금 쉽게 말하면 말하는 것과 행동하는 것이 다르지 않다는 말이지요. 순진하다는 말과도 같은데 마음이 순박하고 진실한 것을 가리킬 때 '순진'하다고 하잖아요.

요즘은 순진하다는 말이 그리 좋은 뜻으로만 쓰이는 것 같지는 않습니다. 그만큼 세상이 살기 어려워졌다는 말이겠지요. 사실은 순진하고, 천진난만한 사람들이 잘살아야 좋은 세상인데 꼭 그렇지만은 않은 것 같습니다. 그래도 실망할 필요는 없습니다. 순진하고 천진난만한 사람들이 있어서 세상은 아름다워지는 법이고 살 만한 세상이니까요. 그리고 당장, 변하는 것이 없는 것 같아도 이 세상 어딘가에서는 그 마음 덕분에 아름다운 세상이 된답니다. 세상에 덕을 쌓고 살아가는 것이지요. 그렇게 덕을 지으면, 그 덕은 반드시 지은 사람에게 다시 돌아오게 되어있고요.

미나리아재비의 다른 이름은 '애기젓가락풀'입니다.

줄기가 텅 비어 있어서 아주 가볍습니다. 물론 줄기가 약해서 젓가락으로 사용할 수도 없고, 미나리아재비의 줄기에서 나오는 즙이 상처 같은 곳에 안 좋으니 애기젓가락풀이라고 꺾어서 입에 넣어볼 생각일랑 하지 말아야 합니다. 손이 작은 아가들이 젓가락으로 사용하면 안성맞춤일 것 같아서 붙여진 앙증맞은 이름이니 그냥 이름만 알아두는 것이 좋습니다. '미나리아재비'과의 식물은 많은 경우 그냥 먹으면 안 될 해로운 독이 들어있습니다.

저희 식구 모두는 들판에 피어 있는 꽃들을 좋아합니다.

우리 집 막내는 고등학교 1학년인데 아주 어려서부터 저와 꽃구경하러 다녔더랍니다. 꽃을 만날 때마다 꽃 이름과 꽃말, 꽃의 전설을 들려주곤 했더니 어렸을 적에는 세상의 모든 꽃에는 노래가 있고, 전설이 있는 줄 알고 꽃을 만날 때마다 이야기해달라고 조르기도 했답니다. 그런데 사실 이름은 거의 다 붙여졌는데 노래도 없고, 꽃말도 없고, 꽃의 전설도 없는 것들이 더 많습니다. 그럴 때는 상상의 날개를 펴고 만들어서 노래도 불러주고, 이야기도 들려줬습니다. 그런 것들이 이런 자산이 되었습니다.

들꽃여행을 하고 얼마 지나지 않아 아이들에게 꽃 이름을 물어보면 제대로 기억하는 것이 많질 않습니다. 그러나 꽃 이야기를 들려줬거나 아주 특별한 이름을 가진 꽃들은 척척 기억해내곤 합니다. 물론 꽃을 사랑하는 것은 단지 이름을 얼마나 많이 외우고 있는가에 따라서 결정되는 것은 아니겠지요. 그들과 눈을 맞출 줄 아는 마음, 그들의 존재를 잊지 않는 것, 그들도 우리처럼 아주 특별한 존재이며, 꽃 한 송이, 풀 한 송이에도 온 우주가 들어있음을 인정해주는 것이 진짜로 그들을 사랑하는 것이겠지요. 그러면 그들도 우리에게 아주 귀한 선물을 주는데 그것은 바로 '추억'이 아닐까 싶습니다. 언젠가 막내가 어른이 되었을 때 저와 거닐던 그 숲을 거닐면서 '아, 이게 그때 아빠와 보았던 그 꽃이었구나!' 떠올릴 수 있고, 나의 손주들에게 내가 들려주었던 이야기를 들려준다면 그것처럼 좋은 일이 어디 있겠습니까?

미나리아재비에 관한 이야기를
오래전 막내에게 이렇게 들려주었습니다.

미나리아재비는 원래 하늘에 살던 별이었단다.

별은 낮이고 밤이고 항상 하늘에 있지만, 사람들은 별이 보이는 밤에만 별이 있다고 했고, 사실 낮에는 아주 큰 별인 해가 있어서 아무리 반짝거려도 사람들에게는 자기를 보여줄 수가 없었단다.

그 많은 별 중에서는 아주 노랑별이 있었는데 이 별은 한 가지 소원이 있었어. 그래서 하나님께 기도했지.

"하나님, 저는 낮에도 사람들이 예쁘다고 보아줄 수 있는 반짝이는 별이 되고 싶어요. 밤은 춥고 무섭거든요."

그 기도가 얼마나 간절했는지 하나님은 그 별의 소원을 들어주기로 했어. 드디어 노랑별은 별똥별이 되어 땅으로 내려왔단다. 별똥별이 떨어진 그 자리에서는 사랑을 상징하는 심장 모양의 이파리에 노랑꽃이 피기 시작했단다. 그런데 막상 땅에 내려오니까 또다시 하늘로 올라가고 싶잖아. 고향을 떠나고 싶다가도 고향을 떠나면 다시 고향으로 돌아가고 싶은 것처럼 말이야. 몸이 가벼워지면 새처럼 하늘을 날 수 있을까 해서 자신을 비우고 또 비웠어. 그래서 미나리아재비의 줄기는 텅 비어 있고, 가벼워서 '애기젓가락풀'이라는 별명도 얻었지.

미나리아재비는 텅 빈 줄기마다 꿈들을 가득 담아 두었단다. 꿈은 눈을 감으면 보이고 눈을 뜨면 보이지 않는 것이잖아. 그래서 미나리아재비의 줄기를 잘라보면 텅 비어 있지만, 그 텅 빈 공간에는 풋풋하고도 예쁜 꿈들의 향기가 가득하단다.

막내는 이 이야기를 잃어버렸을지도 모릅니다.

그러나 그 이야기를 들었던 그 순간, 그 추억들은 잃어버리지 않을 것입니다. 먼 훗날 막내가 자기의 딸이나 아들을 데리고 들판에 나가 미나리아재비를 만나면 "아빠 어렸을 적에 할아버지가 들려주신 이야기 들어보지 않으련?" 하며 이 이야기를 들려주는 꿈을 꿔봅니다. 그러한 추억들은 이미 큰 기쁨을 주었고, 앞으로도 삶의 큰 자산이 될 것이라 믿고 있습니다.

내 마음을 어디에 담았을까요?

오이풀

오이풀은 잎을 뜯어서 코에 대어보면 진짜 오이보다도 더 진한 오이냄새가 난다고 하여 붙여진 이름입니다.

어릴 적 오이풀 이파리를 따서 손바닥에 '탁탁!' 치면서 이런 노래를 불렀지요.

오이 냄새나라 오이 냄새나라
참외 냄새나라 참외 냄새나라
수박 냄새나라 수박 냄새나라

그런데 참 신기한 것은 오이풀에서 오이 냄새만 나는 것이 아니라 참외 냄새, 수박 냄새가 향긋하게 난다는 사실입니다. 마치 손바닥이 마술을 부리는 것처럼 말입니다. 그럼에도 오이향이 가장 많이 나니까 '오이풀'이라는 이름이 붙었겠지요. 수박 냄새나 참외 냄새가 더 많이 났으면 다른 이름이 붙었을지도 모를 일이지요. 그런데 실재로도 오이풀의 다른 이름 중에는 '수박풀', '외나물', '외풀'이라는 이름이 있습니다. '외'는 '참외'를 가리키는 말이고 '물외'는 오이를 가리키는 말이니까 결국 '참외풀'이라는 이름도 있는 셈이지요.

오이풀은 100가지 약효가 들어 있는 풀로 유명합니다.

한방에서 오이풀을 '지유'라고 하는데 오이보다도 미네랄을 50배 이상 간직하고 있으며, 화상치료, 위장의 염증치료, 장기능 개선, 무좀, 습진 등의 피부병에도 특효약이라고 알려졌습니다. 현대

의학으로 고칠 수 없는 병들을 고칠 수 있는 약효가 야생초에는 가득 들어 있는데 우리가 무심코 그냥 잡초라고 지나쳐 버리는 것이 참으로 많습니다. 우리 곁에서 사라지고 나서야 아쉬워하지 말고, 우리 곁에 있을 때 그 소중함을 알았으면 좋겠습니다.

옛날에는 풀을 가지고 많이 놀았습니다.

풀싸움도 하고 소꿉놀이도 많이 했는데 오이풀 같은 것은 놀잇거리였을 뿐 아니라 연한 이파리들은 나물로 먹기도 했지요. 꽃이 피기 시작하면 막대 사탕처럼 꽃 몽우리가 쑥 올라오고, 그곳에서 작은 꽃들이 위에서부터 아래로 피어나기 시작합니다. 꽃은 피었는지 아닌지 알 수 없을 정도로 작지만, 가만히 들여다보면 한 송이 한 송이가 어찌 그리도 예쁜지 모릅니다. 물론 크고 화사한 꽃을 좋아하는 사람들은 "그것도 꽃이냐?"라고 놀릴 수도 있겠지만 "나도 꽃인걸? 그리고 그 작은 꽃이 예쁘다는 사람도 있는데." 하며 피어나는듯 합니다. 오이풀은 제법 딱딱하기도 해서 긴 꽃 몽우리가 달린 줄기를 꺾어 앞에 가는 친구 머리를 톡톡 치면서 놀기도 했는데, 그러다가 싸움이 붙기도 했습니다. 머리를 맞으면 기분이 몹시 나쁘잖아요.

오이풀은 '존경' 또는 '당신을 사모합니다'라는 꽃말을 가지고 있습니다.

아마도 꽃은 못 생겼지만, 약효도 약효려니와 이파리는 나물로, 뿌리는 식량 대신 먹기도 했다고 하니 아낌없이 주는 나무같이 사람들에게 자신의 전부를 다 주는 오이풀을 존경하고 사랑하는 것은 당연한 일이었겠지요. 옛날 먹을 것이 부족할 때에는 오이풀 뿌리를 잘게 썰거나 잘라서 밥을 지을 때 넣어 먹기도 하고 밀가루나 콩가루 등을 섞어서 국수나 수제비를 만들어 먹기도 했습니다. 구황식물 중 하나였던 거지요. 겉으로 보이는 모습과 속내에 품는 것이 이렇게 다른 것입니다.

겉모습만 보고 사람을 평가하는 사람들이 있고, 또 겉모습 꾸미기에만 열심인 사람들도 있지만, 겉모습보다도 더 중요한 것이 있음을 잊지 말았으면 합니다.

그러면 이제 제가 만든 오이풀 이야기를 들려드립니다.

하나님이 세상을 만드실 때, 우리가 세상에서 만나는 모든 꽃을 만드실 때의 일이란다. 갖가지 꽃을 만드는 재미가 얼마나 좋았는지 하나님도 꽃에 푹 빠지고 말았어. 봄, 여름, 가을, 겨울에 피는 꽃들을 하나 둘 만들다 보니 시간도 많이 걸렸지만 여러 가지 재료들도 수없이 많이 필요했단다. 꽃을 만들고 아름다운 색깔로 치장할 때에는 무지개에 도움을 청하기도 했지. 무지개는 자기의 일곱 가지 색깔을 이용해서 갖가지 아름다운 색깔을 꽃들에 나눠주었단다.

그런데 하나님이 이른 봄부터 만들기 시작했던 꽃이 있었는데 그만 깜빡 이파리만 만들어 놓고는 다른 꽃들을 만들기에 여념이 없었네. 가을이 시작되는 어느 날 풀섶에서 기다란 줄기가 올라오는데 가만히 보니 이파리만 만들어 놓고 깜빡했던 그 꽃이야.

하나님도 체면이 있지 얼른 손에 쥐고 있던 흙을 동그랗게 만들어 줄기에 '꾹!' 붙여주시고는 이렇게 말씀하셨어.

"얘, 너는 꽃보다 이파리와 뿌리에 더 많은 것을 주었는데 그걸 몰랐구나?"

그러고는 얼른 이파리에 다른 것들을 만들 때 넣어 주려던 갖은 향기를 넣어 주셨단다. 그것이 오이향, 참외향, 수박향이었다나?

그러나 그것만 가지고는 꽃이 없는 것이 설명되질 않잖아. 세상에, 꽃 없는 꽃이 어딨어? 오이풀은 하나님께 꽃을 달아달라고 했지. 하나님은 깜빡 꽃을 달아주는 것을 잊은 것이 미안해서 동그랗게 줄기에 '꾹!' 눌러준 그 작은 곳에 꽃을 하나하나 새겨 넣기 시작했단다. 아무래도 아래에서부터 꽃을 새겨 넣다가는 가을이 다 갈지도 모를 것 같아서 하나님은 윗부분에 먼저 피어날 꽃을 새겨주고는 가을 하늘을 맘껏 바라보게 했단다. 그리고 가을이 가기 전에 시간만 나면 차례차례 작은 꽃들을 새겨 넣었지. 오이풀은 너무 신이 나서 덩실덩실 춤을 추었단다. 그래서 지금도 바람이 조금만 불어와도 오이풀은 덩실덩실 춤을 춘다나 어쨌다나.

오이풀은 언제 만나는 것이 가장 예쁠까요?

가을 아침 해가 막 떠오를 무렵에 만나는 것이 가장 예쁩니다. 꽃이 그렇게 예쁘냐고요? 아닙니다. 꽃도 예쁘지만, 더 예쁜 것이 있는데 오이풀 이파리마다 송글송글 맺혀있는 이슬방울이 가장 예쁩니다. 그 작은 이슬방울엔 알알이 온 우주가 들어있지요. 이슬의 종류도 다양한데, 오이풀에 맺히는 이슬은 주로 '일액 현상' 때문에 맺히는 이슬입니다. 이슬 중에서 가장 맑은 이슬입니다.

일액 현상이란, 제 몸에 있는 물을 스스로 배출하는 것입니다. 그러니까 사람으로 치면 소변을 보는 것과 같은 이치라고나 할까요? 그게 뭐 맑으냐고 하실지 모르겠지만, 사람과 달리 식물은 불순물을 내어놓는 것이 아니라, 불순물을 걸러 가장 깨끗한 것을 내어놓습니다. 일액 현상은 사실 모든 풀꽃에서 볼 수 있는데, 장미나 찔레 등 이파리 끝이 뾰족한 것에 맺힌 이슬방울이 예쁩니다. 매발톱의 이파리에 맺힌 이슬도 제법 예쁩니다. 그러나 이런 꽃 중에서도 백미는 역시 오이풀입니다.

자기를 비움으로 하늘의 보석을 품고, 그 안에 온 우주를 담는 것입니다.

그런 마음을 오이풀이 가졌으니 이파리의 향기도 그리 좋을 수밖에요. 오이풀의 마음은 꽃에 담겨있기보다는 이파리와 뿌리에 담겨있는 것 같습니다. 겉모습은 예쁘지 않아도 이렇게 속내가 아름다운 오이풀을 닮은 사람들이 넘쳐나는 세상이면 얼마나 좋을까요? 이런 사람들이 인정받는 세상, 이런 사람들이 살맛 나는 그런 세상이면 좋겠습니다.

내 이름이 못생긴 까닭은?

이질풀

꽃 이름은 어떻게 붙여지는 것일까요? 몇 가지 살펴보면 개불알풀꽃은 열매를 가만히 살펴보면 영락없이 개불알을 닮았고, 쥐똥나무도 열매가 까만 것이 쥐똥을 닮았고, 애기똥풀은 줄기를 꺾으면 나오는 액체가 아기 똥을 닮았고, 쥐오줌풀은 줄기에서 쥐오줌 냄새가 나고, 오이풀은 이파리에서 오이 냄새가 많이 나고, 삿갓나물은 생김새가 삿갓을 닮았고, 양지꽃은 양지바른 곳에 피어나고, 족두리풀은 족두리를 닮았고, 며느리밥풀꽃은 혓바닥에 밥풀이 두 개 붙어 있는 듯하고, 처녀치마는 이파리가 치마의 레이스처럼 생겼고, 할미꽃은 구부정하게 줄기가 굽었고, 노루귀는 이파리가 노루의 귀를 닮았고, 나팔꽃은 나팔모양을 닮았고, 강아지풀은 강아지 꼬리를 닮았으며, 패랭이꽃은 서민들이 쓰고 다니던 패랭이를 닮았습니다.

그런데 이질풀이라는 예쁜 꽃은 이름이 영 아닙니다.

'이질'은 잦은 설사와 열이 나고 복통이 일어나는 병을 가리키는 말입니다. 게다가 전염병이기 때문에 그리 달갑지 않은 병 중 하나죠. 이질에 걸렸을 때 이질풀을 달여서 복용하면 병이 잘 낫는다고 이질풀이라는 이름이 붙여졌습니다. 그러니까 이질풀은 냄새나 열매 혹은 꽃을 보고 지은 이름이 아니라 약효를 보고 지어준 이름입니다. 이렇게 쉬운 이름을 붙여준 이유는 무엇일까요? 약을 구하기 어려운 사람들도 쉽게 들판에서 구해 먹으라는 배려가 아닐까요? 한방에서 불리는 약재의 이름은 실제로 불리는 이름과 달라서 전문가가 아니면 잘 알 수가 없거든요.

예를 들면 이런 것들이 있습니다.

칡뿌리는 갈근, 엉겅퀴는 대계, 나팔꽃의 씨는 견우자, 오이는 과체, 호박은 남과, 마른 생강은 건강, 도라지는 길경, 고추는 번초, 쥐방울덩굴은 마도령, 쥐손이풀은 현초, 민들레는 포고령, 족두리풀은 세신.

이런 식이니 주변에서 쉽게 구할 수 있는 것들도 이름이 생소해서 한약방에나 가야 구할 수 있다고 생각할 것입니다. 주변에서 쉽게 구할 수 있는 것임에도 약초 이름으로는 도저히 가늠할 수 없는 이름들이지요.

"잘 말린 민들레 뿌리를 달여서 먹으면 됩니다." 하고 말했다면 '들판에 흔하디흔한 민들레뿌리가 약이 되는구나' 쉽게 알고 봄나물 캘 적에 캐서 말려두었다가 쓸 수도 있겠지요. 그런데 "포고령 뿌리를 달여서 먹어야 합니다." 하면 마치 쉽게 구할 수 없는 것 같은 느낌이 든단 말이죠. 이러하니 어쩌겠습니까? 한약방에서 사다 먹을 수밖에요. 물론 안다고 해도 약재로 사용하는 것은 전문가가 지어준 것이 좋겠지요. 그래도 이름이 어렵다 보니까 일반 서민들은 아무래도 조금 거리감이 느껴질 것입니다.

그런데 아예 대고 '이질풀'이라고 이름을 붙여주었으니 '이 풀이 이질과 무슨 관계가 있구나, 이 풀을 달여 먹으면 이질이 낫는구나' 서민들도 쉽게 알 수 있었겠지요. 게다가 이질이 전염병이니 누구나 쉽게 주변에 있는 이질풀을 약재로 사용해서 전염병이 퍼지지 않게 하기 위한 목적도 있었을 것이고요. 그러니 이질풀이라는 이름을 붙여준 사람은 일반 서민들의 처지를 생각하면서 이름을 붙여준 것이지요. 비록 못 생긴 이름이 붙여지긴 했지만, 들꽃 이름 하나에서도 따스함이 느껴지지 않는가요?

이름은 못 생겼지만, 꽃말은 꽃 모양을 닮아 '새색시'랍니다. 이 꽃말에 따라 이야기를 하나 만들어 봤습니다.

아주 먼 옛날 깊은 산골에서 있었던 일이야.

어릴 적부터 한 동네에서 소꿉놀이하며 자랐던 돌이와 순이가 있었는데 어느덧 순이가 어엿한 처녀가 되어 시집갈 나이가 되었지. 깊은 산골이라 동네가 그리 크지도 않았고, 처녀 총각도 그리 많지 않았기 때문에 순이는 으레 돌이와 결혼해서 한 가정을 꾸미리라 생각했단다.

그런데 돌이는 그 깊은 산골이 너무 답답하고 싫었어. 언젠가 아버지를 따라 5일장에 갔을 때 보았던 큰 마을, 그 곳을 늘 그리워하며 살았단다. 어느 날 돌이는 순이에게 이렇게 말하고 떠났단다.

"순이야, 내가 큰 마을에 가서 돈 많이 벌어 부자가 되면 그 곳에 큰 집을 짓고 너를 데리러 올게."

그러나 맨손으로 부자가 된다는 것이 쉬운 일인가요? 아무리 열심히 일해도 늘 그 자리를 맴도니 돌이도 답답했단다. 그렇게 몇 년이 흐르는 사이 돌이는 어느 돈 많은 부잣집의 데릴사위로 들어가게 되었지. 물론 순이는 그때까지도 이제나저제나 돌이를 기다리며 그 깊은 산골에 살고 있었고, 그런데 돌이가 사는 마을에 몹쓸 이질병이 돌았고 돌이도 그만 그 전염병에 걸리게 되었단다. 몇 년 동안 죽어라 일만 하고 쫓겨나서 돌아온 돌이는 아무것도 얻은 것 없이 병든 몸으로 고향으로 돌아왔단다.

그러나 이미 순이는 이 세상 사람이 아니었어. 돌이가 부잣집에 데릴사위로 들어갔다는 소식을 듣고는 순이는 슬퍼하다가 죽었지. 돌이가 병든 몸을 이끌고 돌아왔을 때 이미 순이는 죽고 없었지. 물어물어 순이의 무덤에 가보니 무덤가에 보라색 꽃이 피어 있었단다. 돌이는 그 꽃이 순이의 넋을 담은 꽃이라 생각하고는 '그래, 너를 평생 내 몸에 간직하고 살게' 하며 꽃을 따먹었지 뭐야. 무덤 속에 있는 순이가 돌이의 마음을 알았던 것일까?

그 꽃을 따먹자 그렇게 아팠던 배가 거짓말같이 나아버린 거야. 돌이는 그 꽃을 꺾어 이질병에 걸린 사람들에게 달여 먹였고, 돌이는 그로 말미암아 부자가 되었단다. 그러나 돌이는 장가를 가지 않고 평생 순이의 무덤을 잘 가꿔주다가 순이의 곁에 묻혔지. 가을만 되면 순이와 돌이의 무덤가에는 순이를 닮은 보랏빛 꽃이 한껏 어우러졌고 사람들은 그 꽃을 이질풀이라고 불렀단다.

/ 어때요, 이름은 못 생겼지만, 매우 예쁘고 고운 꽃이지요?

이질풀은 꽃 모양이 조금씩 다르고 색깔도 다릅니다. 그러나 성질은 같고, 인가와 그리 멀지 않은 들판 여기저기에서 무성하게 피어납니다. 많으면 많은 대로 적으면 적은 대로 다 의미가 있는 것입니다.

25

바위면 어때?
난 거기가 제일 좋은데

바위채송화

돌나물과의 꽃들은 작은 별모양을 하고 피어나는 특징이 있습니다. 작은 꽃들이 모여서 피기 때문에 돌나물과의 꽃들이 피어 있으면 마치 은하수를 보는 것 같습니다.

봄이면 푸릇푸릇하게 올라오는 돌나물을 먹어보았을 것입니다.

먹어는 봤는데 돌나물인지 모를 수도 있고, 맛이 없다고 거들떠보지도 않았을지 모르겠는데 요즘 식당에서 사시사철 풋풋한 나물에 초고추장 살짝 얹어서 나오는 것이 바로 돌나물입니다. 야생의 돌나물보다 향이 덜하긴 하지만, 그래도 풋풋한 풀내음은 참 좋습니다. 이번에 소개하는 바위채송화는 돌나물의 사촌 격인데 좀 특이한 성격을 가졌다고 해야 할 것 같습니다. 좋은 땅 다 두고 오로지 바위틈을 좋아해서 산의 바위틈에서 주로 자라거든요. 아니 어쩌면 바위채송화에 좋은 땅, 비옥한 땅은 독일 수도 있습니다. 흙에 영양분이 많으면 오히려 뿌리가 썩어나갈 수도 있거든요. 그에게는 뿌리를 내리기조차 어려운 바위틈, 여름이면 타는 목마름으로 갈증을 느껴야 하는 바위틈이 오히려 옥토니까 그곳에서 자라겠지요.

가장 인상 깊게 만난 바위채송화는 금강산 상팔담 오르는 길에 만났던 것과 삼일포에서 만난 것입니다. 실하고 무성하게 피어난 것도 예뻤지만, 남녘땅의 바위채송화와 하나도 다르지 않다는 것이 얼마나 신기했는지 모릅니다. 사람들은 서로 갈라져 분단의 세월을 살아가고 있지만, 그들은 떨어져 있어도 이미

한마음이 된 듯, 통일을 이룬 듯 마음이 다르지 않았습니다. 남녘땅에 있는 바위채송화도, 북녘땅에 있는 바위채송화도 오로지 바위틈에서 자라고, 조금도 다르지 않은 꽃을 피우고 있었지요. 분단의 세월 동안 서로 다른 삶을 살아오다 민족의 동질성을 잃어버린 사람들과는 많이 다르구나 생각했습니다. 그렇게 서로 떨어져 있으면서도 전혀 다르지 않은 꽃을 피울 수 있는 것, 그것이 자연입니다.

바위채송화

우리 사람들은 본래 자연과 더불어 자연처럼 살아가게 만들어졌는데 자연과 동떨어진 삶을 살아가다 보니 비자연적인 삶을 넘어서 반자연적인 삶을 살아가는 것입니다.

자연적인 삶, 자연스러운 삶을 살려면 가장 자연스러운 삶을 살아가는 자연에게 배워야겠지요? 자연의 품에 안기는 일은 그래서 중요한 것입니다. 자연과 동떨어진 사람들은 자기 욕심만 채우면서 살아가고 결국은 자신뿐 아니라 다른 사람들까지도 아프게 합니다. 채송화에 대해서는 이런 이야기가 전해지고 있습니다.

바위채송화

옛날에 보석을 너무너무 좋아하는 여왕이 살고 있었단다.

얼마나 보석을 좋아했는지 자나 깨나 보석을 손에 넣을 궁리만 했지. 백성이 가진 보석은 전부 거둬들였고 세계 각국에서 오는 상인들에게까지 보석으로 세금을 내게 했어. 그래도 욕심을 채울 수 없는 여왕은 백성에게 가혹한 명령을 내렸단다.

"백성은 누구든지 죽기 전에 보석 하나씩을 세금으로 바쳐라. 만일 보석을 바치지 않고 죽으면 자손들이 그 이상의 보석을 가져와야 할 것이니라."

먹고 살기에도 빠듯한 백성은 눈앞이 캄캄했어. 이제 죽는 것까지도 마음대로 죽지 못하니 얼마나 억울하겠어.

그러던 어느 날, 한 노인이 보석이 담긴 열두 개의 상자를 싣고 여왕을 찾아왔단다. 여왕은 너무나 예쁜 보석들을 보자 좋아서 정신을 차릴 수가 없었지.

"어머나, 세상에! 저 보석들, 내가 가진 것들보다도 훨씬 많네!"

여왕은 보석을 보자 욕심이 불같이 타올랐단다.

"여보시오, 노인 양반, 그 보석을 나에게 판다면 무엇이든지 원하는 소원을 들어주겠소."

"여왕님, 소원은 필요 없습니다. 단, 조건이 있는데 보석 하나와 백성 한 명의 목숨과 바꾸시겠습니까?"

욕심에 눈이 먼 여왕은 노인의 요구에 응했단다. 보석을 하나씩 가질 때마다 백성이 한 명씩 사라졌어. 드디어 보석을 전부 다 가졌다 싶었는데 딱 한 개가 남았지 뭐야. 그 보석은 어떤 보석보다도 예뻤단다. 그런데 그 보석과 바꿀 백성은 한 명도 남질 않았어.

"노인 양반, 내가 가진 보석 전부와 바꿉시다."

"안 됩니다. 여왕님, 이 보석은 제가 가져가는 것으로 하겠습니다."

몸이 달은 여왕은 이렇게 말했지.

"그럼, 나와 바꿉시다."

노인은 허탈하게 웃으며 여왕에게 보석을 내주었는데 여왕이 보석을 드는 순간 보석 상자가 모두 터져 버렸단다. 보석이 사방팔방에 흩어져 자그마한 꽃들로 피어났단다. 그때 피어난 꽃이 채송화라고 전해진단다.

/ 물론 채송화와 바위채송화는 다른 종류입니다.

채송화는 쇠비름과에 속하지만, 바위채송화는 돌나물과에 속하거든요. 그러니까 위의 이야기는 그냥 '채송화'라는 공통점만 가지고 들려준 이야기입니다.

자연적인 삶을 살아간다는 것은 어쩌면 바위에 뿌리를 내리고 살아가는 바위채송화처럼 타는 목마름을 견뎌야 하는 일일지도 모릅니다. 그러나 결국에는 별을 닮은 화사한 꽃을 피우는 바위채송화처럼 자연과 더불어 살아감으로 행복한 삶을 맛보고 피워낼 수 있을 겁니다.

/ 자연과 더불어 사는 삶,

그것은 여러 가지 방법이 있습니다. 그 방법은 자연이 가르쳐 줄 것입니다. 자연을 정말 사랑하는 사람들에게 자연이 지혜를 전해줄 것입니다. 자연의 품에 안기는 것을 두려워 마십시오. 가고자 하는 마음이 간절하면, 자연이 자연스럽게 우리에게 다가와 우리를 인도할 것입니다.

제가 먹은 것이라고는 밥알 두 개뿐이에요

며느리밥풀꽃

'며느리'라는 이름을 단 꽃은 '며느리주머니(금낭화)', '며느리밑씻개', '며느리배꼽', '며느리밥풀꽃' 등이 있는데 '며느리'자가 들어간 꽃을 볼 때마다 며느리의 한이 배어 있는 것 같아서 슬프게 다가옵니다.

며느리밥풀꽃도 마찬가지입니다. 옛날 어느 산골 마을에 효성이 지극한 아들이 어머니와 살고 있었다네.

아들이 장가를 들어 며느리를 맞았는데 며느리 또한 효성이 극진했지. 그러나 시어머니가 며느리를 구박하기 시작했고, 아들이 집만 비우면 시어머니의 며느리 학대는 더욱 심해졌어.

놀부의 심보를 넘어서는 시어머니의 학대에 며느리는 어쩔 줄 몰랐지. 출가외인인데 집으로 돌아갈 수도 없고, 집으로 돌아가면 또 부모님들이 얼마나 상심을 하겠어. 그래서 이제나저제나 나아지겠지 하며 며느리는 참고 또 참았지만 시머어니의 구박은 더욱 심해졌단다.

금낭화(며느리주머니)

금낭화(며느리주머니)

아들이 잠시 먼 곳이라도 가면 시어머니의 구박은 극에 달했단다. 며느리는 밥도 제대로 못 먹으면서 시어머니가 시키는 대로 죽어라 일만 했지.

며느리배꼽

금낭화(며느리주머니)

며느리밑씻개

그러던 어느 날 저녁밥을 지을 때 뜸이 잘 들었나 솥뚜껑을 열고 밥알을 조금 입에 집어넣었단다. 며느리를 감시하던 시어머니가 이걸 놓칠 턱이 있나? 며느리가 어른보다 먼저 밥을 먹었다고 트집을 잡고는 마구 때려서 그만 며느리가 죽고 말았단다.

아들이 돌아왔는데 아내가 죽어 있으니 곡할 노릇이지. 아무리 효성이 지극한 아들이라도 아내가 죽었는데 어찌 화가 나지 않겠어. 그래서 어머니에게 화를 내면서 어떻게 그렇게 할 수 있느냐고 하니 뜸 든 것을 확인하려고 밥알을 먹어 본 것을 트집 삼아 며느리를 때려 숨지게 했다면 아무리 아들이라도 자기 편이 되어줄 것 같지 않으니 이렇게 변명을 했단다.

"글쎄, 너 온다는 소식을 듣고, 며느리 년에게 음식을 장만하라고 했더니만 밥이 뜸 들기도 전에 만든 음식을 죄다 먹어 버렸지 뭐냐? 어찌 서방님과 시에미 상에 올리지도 않고 지가 먼저 다 처먹어? 그래서 버럭 소리를 질렀더니만 이 년이 막 대들지 뭐냐. 내가 힘이 있어야지. 그래서 불쏘시개를 들어 막으려고 했는데 제 년이 제풀에 넘어졌지 뭐냐. 처먹은 게 하도 많아서 그런지 체해서 죽었단다."

어쩌겠어. 어머니가 아니라고 펄쩍 뛰는데.

그 뒤 며느리 무덤가에는 이름 모를 풀들이 자라나 여름이 되면 며느리 입술처럼 붉은 꽃에 새하얀 밥풀이 두 개 묻은 형상을 한 꽃이 피어났지. 꽃은 마치 이렇게 말하는 듯했어.

"서방님, 제가 먹은 것은 바로 이 밥풀 두 개뿐이에요. 그것도 뜸이 잘 들었나 보려고 맛본 것이고, 다 먹지도 못하고 이렇게 혓바닥에 묻어 있는 걸요. 전 결백합니다. 너무 억울해요."

이때부터 이 꽃을 며느리밥풀꽃이라고 불렀단다. 이 꽃은 세상이 너무 무섭고 수줍음을 잘 타기 때문에 다른 나무나 풀에 숨어서 고개를 숙이고 핀단다.

/ 며느리밥풀꽃은 '새애기풀' 이라고도 부릅니다.

갓 시집 온 며느리에게 '새애기'라고 부르는 것과 관련이 있습니다. 그런데 재미있는 것은 꽃말이 '질투'라는 사실입니다. 시어머니가 며느리를 질투했다는 것이 언뜻 이해가 되지 않지만, 아마도 오랫동안 길렀던 아들을 빼앗긴 것 같은 마음 때문에 시어머니가 며느리에게 질투를 느낀 것은 아닐까 싶습니다.

고부간의 갈등은 때론 심각한 사회문제로 대두되기도 합니다. 그러나 얼마든지 고부간의 정겨운 이야기들을 찾아볼 수 있습니다. 서로가 서로에게 사랑하는 사람의 어머니요, 사랑하는 자식의 아내입니다. 사랑으로 인연을 맺고 살아가는 관계입니다.

/ 우리나라는 사계절이 뚜렷해서 아주 특별한 식물들이 많습니다.

가히 보물창고라고 할 만하지요. 보물창고에 있는 보물을 꺼내려면 그 창고를 여는 열쇠가 필요하겠죠? 그 열쇠는 어디에 있을까요? 신비스럽게도 그 열쇠는 우리 마음속에 있답니다. 들이나 산으로 나가 작은 꽃들에 눈길을 주고 관심을 두다 보면 어느새 보물창고를 열 수 있는 열쇠가 우리 마음에 새겨지게 됩니다. 그 보물창고에는 수많은 자원이 들어 있습니다.

석유나 석탄처럼 캐서 써버리면 그만인 자원이 아니라 보존만 잘하면 끊임없이 제공되는 자원이 들어 있는 것이지요. 안타깝게도 사람들은 이런 자원에 대해 잘 알지도 못하면서 마구 훼손하고 잡초라고 천대합니다. 그들이 없어지고 나서야 후회한들 무슨 소용이 있겠습니까? 사실 잡초는 '필요 없는 풀'이 아니라 '우리가 잘 모르는 풀'이라고 하

는 것이 제대로 된 설명이라고 생각합니다. 우리가 학교에서 배우는 자연에 대한 지식은 상당히 편향적이기도 합니다. 그 편향성이라고 하는 것은 모든 것을 인간의 관점에서 기술하고 있다는 점입니다. 인간의 필요에 따라 좋고 나쁜 것을 나누다 보니, 그 필요성에 대해 아직 인지하지 못한 것들을 '잡초'라 분류하는 것이지요.

이런 생각들은 식물에만 국한된 것이 아니라 동식물에도 똑같이 적용되고, 더 나아가서는 사람들에게도 해당됩니다. 그런데 사람에게까지도 이런 식으로 대하다 보니 우리의 아이들을 평가할 때 오로지 공부 잘하는 아이들만 최고로 치는 세상이 되어버린 것도 안타까운 일이지요. 공부를 잘하는 친구도 있고, 운동을 잘하는 친구도 있고, 그림을 잘 그리는 친구, 글을 잘 쓰는 친구, 컴퓨터를 잘하는 친구 그리고 꽃을 잘 아는 친구, 동물이나 곤충을 잘 아는 친구 등등 다 필요한데 말입니다. 그런데 딱 한 가지 '공부(국영수 위주)'만 정해놓고 경쟁을 하게 하니까 우리 아이들도 피곤한 겁니다. 이런 줄세우기식 교육은 아이들의 창의성을 죽이는 교육입니다. 만약 아이들이 다 100점을 받는다고 해도 줄세우기식 교육방식에서는 일등과 꼴찌를 정하고, 그에 따라 아이들의 미래를 재단할 것입니다. 그러다 보니 줄 세우기 경쟁에서 밀려난 아이들은 일찌감치 꿈을 포기합니다. 안타까운 일이지요.

자기가 제일 잘할 수 있는 것, 좋아하는 것만 잘해도 모두 인정받을 수 있는 그런 세상이 되었으면 좋겠습니다. 자연은 그렇게 살아갑니다. 그래서 자연은 조화입니다.

MELAMPYRUM ROSEUM

제멋에 사는 것도 좋은 일이지!

수선화

저 따뜻한 남녘땅 제주도에서는 12월이 시작되면 달콤하고도 진한 향기를 가득 머금은 수선화가 피기 시작합니다.

아무리 제주도가 따뜻한 곳이라고는 하지만 겨울에 느끼는 체감온도는 육지와 다릅니다. 제주도를 '삼다도(三多島)'라고도 합니다. 여자와 바람과 돌이 많아서 삼다도인데 옛날에는 전쟁이 잦아서 남자들이 많이 죽었고, 섬에서 살기 어려워 외지로 많이 나갔기 때문에 여자가 남자보다 많았던 것입니다. 그리고 바람이나 돌은 자연적인 것이니까 지금도 여전히 변함없이 많습니다. 제주도의 돌담도 여전히 아름답고, 제주의 바람도 여전하지요. 그런데 섬이다 보니 습기가 많습니다. 추운 겨울 차가운 습기를 가득 안은 바람이 불어오면 체감온도는 육지에서 느끼는 추위 이상이지요.

수선화는 이렇게 매서운 칼바람을 견디며 피어나는 꽃이랍니다. 눈 속에 피어 있는 수선화를 가리켜 '설중화'라고 하는데 예쁘기도 하지만 그들을 보면서 '어떤 어려움도 이겨낼 수 있을 것'이라는 용기를 얻곤 합니다. 겨울이라는 계절이 상징하는 것이 고난이기 때문입니다.

/ 수선화는 피기 시작하면 한 송이씩 순서대로 피어납니다.

어느 날 한 송인가 싶다가 어느 날 바라보면 두 송이, 금방 세 송이가 고개를 살포시 숙이고 '안녕!' 인사를 하는데 추운 겨울날 가냘프게 생긴 꽃이 그렇게 환한 웃음을 짓는다는 것 자체가 신비스럽기만 합니다. 이렇게 추운 겨울바람을 마다치 않고 피어나는 꽃이라 그런지 지선(地仙), 수선(水仙), 천선(天仙)의 삼선(三仙) 중에서 천선을 제외한 두 가지 이름을 얻었습니다. 그래서 수선화를 가리켜 '지선화'라고도 부른답니다.

/ 수선화 중에서

내가 가장 좋아하는 꽃은 순백색 꽃 이파리에 노란 꽃술과 잔을 닮은 노란 꽃잎을 간직한 홑꽃입니다. 사람들은 이것을 보고는 은쟁반에 금잔이 하나 올려진 것 같다고 하여 '금잔옥대'라고도 했지요. 원예종 꽃들은 너무 크고, 색깔도 다르고 홑꽃이 아닌 겹꽃은 '금잔옥대'의 모양새가 아니라서 예쁘긴 하지만 내가 좋아하는 스타일은 아닙니다. 그래도 제주도 바닷가에서 바닷바람을 맞으며 피어난 수선화를 보면 겹꽃이라도 예쁘고 대견스럽지요.

/ 겨울은 꽃이 많은 계절이 아닙니다.

풀꽃으로는 아마 수선화가 유일한 것 같고 나무 꽃으로는 동백과 비파나무, 사스레피나무의 꽃 정도라고나 할까요? 봄꽃 중에서 좀 일찍 피는 복수초나 변산바람꽃, 애기노루귀 같은 것들도 있긴 하지만 그건 겨울꽃이 아니라 봄꽃이니까 다르고, 간혹 양지바른 곳에 피어나는 냉이, 광대풀꽃, 꽃다지, 쇠별꽃도 겨울꽃이라기보다는 '바보꽃'이라고 해야 옳겠지요.

꽃 이름 중에 '바보꽃'도 있냐고요?

아니요, 제철에 피어나지 못한 꽃을 통틀어 말할 때 '바보꽃'이라고 부르는 것이지 꽃 이름은 아니랍니다.

자 그럼 수선화가 왜 '제멋에 사는지', 그 이야기를 들려드리겠습니다.

바람둥이 제우스신은 요정들을 아주 좋아했어. 제우스는 요정 에코를 자주 만나다가 결국은 부인 헤라여신에게 들켜버렸단다. 헤라는 에코를 찾아내서 다른 사람의 마지막 낱말 밖에는 말을 할 수 없도록 벌을 내렸단다. 요정 에코는 이후 산이 깊은 곳에 숨어 살면서 '메아리'로 자신의 존재를 나타낼 수밖에 없었지. 산 위에 올라가서 "야호!" 하면 메아리가 울리잖아. 그것이 요정 에코의 대답인 셈이지.

그런데 하루는 에코가 깊은 산 속에 있는 샘가에서 나르시스라는 아름다운 청년을 만나 첫눈에 반해버렸단다. 나르시스에게는 '자기의 얼굴을 보면 불행해 질 것이다'라는 신탁이 따라다녔지. 그런데 그만 나르시스가 샘에 비친 자기의 얼굴을 보게 되었고, 그는 자신의 모습에 반해 자기인 줄도 모르고 그곳을 떠나지 않았단다. 이미 자기를 사랑하게 된 나르시스였으니 그의 마음에는 다른 이에게 나눠줄 사랑이 남질 않았지. 에코는 나르시스에게 사랑을 고백할 기회만 기다리고 있었지만, 마지막 낱말 밖에는 말을 할 수 없으니 사랑 고백을 할 수도 없었고, 나르시스가 한탄조로 하는 말의 뒷말을 따라 했지만, 그의 마음을 돌릴 수가 없었단다. 에코의 사랑 고백이 공허한 메아리로 되돌아오자 에코의 사랑은 분노로 바뀌게 되었단다. 에코는 복수의 여신에게 부탁하여 나르시스를 자기만 사랑하는 사람으로 만들어달라고 했어.

복수의 여신은 아름다운 청년 나르시스가 불쌍하기는 했지만, 에코의 부탁을 거절할 수가 없어 그 청을 들어주었지. 샘에 비친 자기의 모습에 반한 나르시스의 사랑은 점점 깊어갔고, 아예 먹지도 않고 그곳에서 샘에 비친 자기의 모습을 바라보기만 했어. 어느 날 나르시스는 샘에 비친 모습이 자기인 것도 모르고 물그림자

를 따라 샘으로 들어가다가 샘에 빠져 죽었단다. 결국, 신탁대로 된 것이지.

샘 가장자리에서는 샘물을 바라보는 나르시스를 닮은 꽃이 피어났어. 그 꽃도 샘에 비친 자기의 모습을 바라보려는 듯 고개를 숙이고 있었지. 사람들은 이 꽃을 수선화라고 불렀데.

수선화의 꽃말은 '자아도취' 혹은 '자존심'인데 신화이야기와 자아도취라는 꽃말은 많이 닮았지? 나르시즘(narcissism/자기애)이라는 말을 들어봤니. 너무나 자기만을 믿고 사랑하는 정신 상태를 말하는데 그리스로마신화의 나르시스와 에코의 이야기에서 따온 정신의학적인 용어 중 하나란다.

/ 요즘 사람들은 너무 자신을 남과 비교해서만 보려고 하는 것 같습니다. 그래서 자기를 사랑하는 법을 잃어버렸습니다. 자기가 얼마나 소중한 사람이고, 특별한 사람인지를 잘 모르고 살아가는 것이지요. 다른 사람을 사랑하려면 먼저 자신을 사랑할 줄 알아야 하는 법인데 마치 자기 사랑을 이야기하면 이기적인 것으로 받아들이려는 풍토도 있어서 자기를 사랑하는데 서툰 것 같습니다. 자기를 사랑하려면, 남과 비교하여 자신을 평가하는 버릇을 고쳐야 합니다. 남과 비교하면서 행불행을 느끼는 것은 미련한 것입니다.

/ 수선화를 보면 '제멋에 사는 것도 좋은 일이지!' 하고 생각할 때가 잦습니다. 그것도 나쁜 것만은 아니거든요.

NARCISSUS TAZETTA VAR. CHINENSIS

내 뜰이 생긴다면 난 이 나무를 심을게요

석류

석류나무는 아주 오래전부터 우리들과 가까이 있었던 나무입니다. 석류 모양을 나타낸 토기가 예루살렘에서 출토되었을 뿐 아니라 이집트의 피라미드 벽화에도 석류 그림이 등장한다고 하니 아주 오래전부터 사람들과 가까이 있었던 나무 중 하나지요.

석류의 다른 이름으로는 안석류, 산석류, 감석류가 있는데 안석류라는 안석국(지금의 페르시아)에서 자라는 나무라는 뜻을 담고 있고, 산석류는 신맛, 감석류는 단맛을 많이 간직한 과일이라는 뜻입니다. 우리나라에는 인도에서 중국을 거쳐 들어온 것으로 알려졌는데 석류는 씨가 많아서 연밥과 함께 자손번영과 다산(多産)을 상징하는 과일로 알려졌습니다.

석류꽃의 꽃말은 '원숙한 아름다움'이고, 열매는 '바보, 어수룩함'이라는 의미가 있습니다. 익은 열매가 벌어지면 속을 감추지 못하고 드러내는 모습에서 바보나 어수룩함이라는 단어를 떠올렸겠지요?

그런데 모든 꽃이 다 그렇겠지만, 석류는 더더욱 꽃을 피운 대로 다 열매를 맺지 못합니다. 비바람에 떨어지는 꽃들을 많이 가짐으로 남은 꽃들이 실한 열매를 맺어갈 수 있는 장치들이 있는 것이지요. 비바람이 지나가고 석류나무 아래에 가보면 떨어진 석류꽃들이 뒹구는 것을 쉽게 볼 수 있습니다. 떨어진 꽃, 그들이 있기에 남아있는 꽃은 실한 열매를 맺어갈 수 있으니 떨어진 꽃들에 감사하고 또 감사해야 할 일이겠지요.

석류의 꽃받침은 두텁고 단단한데 신기한 것은 꽃받침이 점점 자라면서 실한 열매가 된다는 점입니다. 점점 둥글게 자라나는 석류를 보면 마치 임신한 아낙의 배처럼 보입니다. 자랄 것 같지 않은 딱딱한 껍질이 자라고 자라 더는 버틸 수 없을 때면 껍질이 터지고 속에 담고 있었던 붉은 보석들을 세상에 선보이지요. 마치 보석 주머니를 보는 것 같습니다. 그 붉은 보석들은 다름 아닌 씨앗인데 씨앗을 감싸고 있는 과육의 맛, 시큼하면서도 단맛이 일품입니다. 양귀비와 클레오파트라가 즐겨 먹었다는 과일이 석류라고 하니, 그 여인들은 붉은 보석 혹은 보석 주머니를 먹으며 자신들의 아름다움을 가꿔갔던 것이겠지요.

제가 제주도에 살 때 뜰에 석류나무가 있었습니다.

바람이 많은 곳이다 보니 남아있는 꽃보다 떨어진 꽃들이 더 많고, 어떤 해에는 단 하나의 열매도 맺지 못할 때가 있었지요. 그런데 어느 해 가을에는 석류열매가 주렁주렁 열렸습니다. 바람에 시달린 석류의 껍질은 그야말로 별 볼 일 없었고, 맛이라고는 하나도 없을 것만 같았습니다. 그러나 가을이 점점 무르익고 찬바람이 불기 시작할 무렵 더는 입을 다물고 있을 수 없어 껍질이 갈라지더군요. 석류를 따서 먹어보았습니다. 아, 얼마나 달콤하고 맛난지 가게에서 사 먹는 수입석류와는 비교할 수도 없는 맛이 나더군요. "역시, 우리 입맛에는 우리 것이 최고여!"라는 소리가 절로 났지요. 작고 못생겨서 상품가치라고는 없는 것, 그래서 맛도 없을 줄 알았는데 돈을 주고 사는 것과는 비교할 수 없는 맛을 품고 있는 석류를 아이들과 나눠 먹으면서, 못생기고 작은 것들이 주는 의미들을 음미할 수 있었습니다.

이전에도 석류가 미용에 좋고, 여성들에게 좋은 과일이라고 하여 외국에서 들여온 석류를 사서 먹어본 적이 있었습니다. 그냥 그 정도의 맛이려니 생각하며 신맛에 대한 기억

때문에 먹기 전에 입안에 침이 고였었지요. 그러나 뜰 안에 있던 석류는 단맛이 가득했고 아이들은 그날 이후 나무에 남아있는 석류가 속내를 드러내며 터지기만을 기다렸습니다. 그리고 진짜 석류의 맛을 본 이후로는 신맛에 대한 기억보다는 달콤함의 기억을 간직하게 되었습니다.

/ 석류는 열매보다는 껍질에 더 많은 약효가 들어있다고 합니다. 북한에서 펴낸 〈동의학사전〉을 보면 석류껍질에 이런 약효가 들어있다고 합니다.

"가을에 열매가 익은 다음 따서 쪼개어 씨와 속을 버리고 햇볕에 말린다. 맛은 시고 떫으며 성질은 따뜻하고 독이 있다. 대장경, 신경에 작용한다. 장을 수렴하고 설사와 출혈을 멈춘다. 설사, 이질, 자궁부정출혈, 장출혈, 대하, 유정, 탈항 등에 쓴다. 외용약으로 쓸 때는 가루를 내어 뿌리거나 가루를 기초제에 개어 바른다."

석류껍질만 그런 것이 아니라 뿌리껍질과 석류이파리와 석류꽃에 들어있는 약효도 대단합니다.

"뿌리껍질에는 구충작용성분이 들어 있어 억균작용을 하여 조충증, 회충증, 설사, 이질 등에 사용된다. 석류꽃은 잘 말려서 한두 개씩 물에 삶아 마시면 토혈과 비출혈에 좋고, 석류꽃을 구워 말린 다음 가루로 만들어 콧구멍에 넣으면 피가 멎는다. 이파리는 타박상에 물로 달여서 환부에 바른다고 하니 열매의 맛은 맛대로, 나머지는 그 약효대로 사용된다."

/ 어려운 말이 많이 있지요?

이럴 때는 그냥 간단하게 '굉장히 좋은 나무구나' 하는 정도로만 알아도 될 것 같습니다. 석류가 아주 오랫동안 사람들과 함께 있었던 이유를 알겠죠?

나무를 심을 뜰이 있다면, 저는 제일 먼저 석류를 심을 것입니다. 그리고 달콤한 앵두나무도 심고, 까치밥을 위해 감나무도 심겠습니다. 그리고 목백일홍(배롱나무)도 심어 뜰에 늘 꽃이 피어있도록 하겠습니다. 심고 싶은 나무와 꽃을 다 심으려면 아주 큰 뜰이 필요할 것 같네요. 욕심이었습니다. 석류 몇 그루 심을 수 있는 작은 뜰만으로도 행복할 것 같습니다. 다른 꽃들은 자연에서 만나면 될 것 같습니다. 그러면 그 자연이 모두 저의 뜰이 되는 것이지요. 그렇게 생각하니까 저의 정원은 엄청나게 큽니다. 제 정원에는 바다도 있고 산도 있고 강도 있으니까요. 저는 엄청난 부자입니다. 지구별이라는 정원, 그것은 우리 모두의 것입니다.

석류에 대해 전해지는 인도 전설이 있습니다.

히말라야 산 기슭에 어린아이만 잡아먹는 못된 마귀할멈이 있었단다. 부처님은 마귀할멈의 버릇을 고쳐줄 방법이 없을까 고민하다가 몰래 마귀할멈의 딸 한 명을 감추었어. 마귀할멈에게는 아이들이 많았거든. 혹시나 딸을 잃어버렸는지도 모를 정도로 말이야. 그런데 마귀할멈이 딸을 찾느라 난리가 난 거야. 울고불고 난리를 피우며 배고픈 것도 잊고 딸을 찾아다녔지. 그러자 부처님이 "그까짓 딸 하나 없다고 야단법석할 것 없지 않니?" 하셨지. 그러자 마귀할멈이 "딸을 잃고 슬퍼하는 나에게 어떻게 그런 말씀을 하실 수 있습니까?" 했어. 그러자 부처님은 "많은 자식 중 하나를 잃어도 자식을 잃는다는 것은 그렇게 슬픈 일인데 한두 명밖에 없는 자식을 잃은 부모는 얼마나 가슴이 아프겠는가? 오늘부터는 아이를 잡아먹지 말고 이것을 먹어라." 하시며 석류를 주었고 그 후로 마귀할멈은 못된 버릇을 고쳤데.

PUNICA GRANATUM

29

망자는 그리움과 기억을 먹고 산다

박태기나무

풀꽃 피어나면 여인네들 봄 온 줄 알고,
나무 꽃 피어나면 남정네들 봄 온 줄 안다.
아무리 무딘 사람이라도
개나리 진달래 벚꽃 목련 명자나무 꽃 피면
봄 온 줄 안다.
박태기나무 보랏빛 꽃 피어나면
아무리 무딘 사람이라도
봄 온 줄 안다.

몇 년 전 나무시장에서 작은 박태기나무를 하나 사다가 뜰에 심었습니다. 다음 해 비썩 마른 나뭇가지에 옹기종기 새까만 것들이 붙어있는가 싶더니 봄이 무르익어가면서 그들도 점점 커지기 시작했습니다. 그러더니만 어느 날 갑자기 무성하게 피어난 보라색 꽃, 마치 순식간 뻥튀기를 한 것 마냥 화들짝 피어났습니다.

그러고 보니 '밥'자가 들어간 이름들을 가진 것들이 제법 있네요. 이팝나무, 조팝나무, 며느리밥풀꽃, 박태기나무까지 다양합니다. 박태기나무에는 '밥'자가 안 들어갔는데 무슨 소리냐고요? 보릿고개를 넘겨야만 했던 옛날, 하얀 쌀밥을 실컷 먹는 것은 누구나의 소원이었습니다. 그래서 추석이나 명절이 되면 오랜만에 하얀 쌀밥을 배가 부르다 못해 터지도록 먹었고 명절만 되면 배탈에 시달리기도 했습니다. 너무 배가 고파서 쌀밥이 아니라도 먹을 수 있는 것이면 무엇이든 좋았죠. 박태기나무는 '밥티기'에서 유래되었습니다. 꽃 모양이 밥알을 닮아서 붙여진 이름이라고 하니 결국 박태기나무도 '밥'과 관련이 있는 것이지요.

겨울이 지나고 봄이 오면 박태기나무의 가지에는 검은 딱정이 같은 것들이 나뭇가지에 다닥다닥 생깁니다. 그런데 그것이 점점 커지는가 싶다가 어느 날 갑자기 '뻥!' 뻥튀기가 되듯 꽃을 피웁니다. 그래서 순식간에 '뻥튀기'를 한 것처럼 보이니 '밥티기'가 된 것이고, 그것이 박태기나무가 된 것이지요.

어릴 때 명절이 가까워지면 뻥튀기를 튀기는 아저씨들이 동네마다 리어카를 끌고 "뻥이요!"를 외치며 다녔고, 쌀이 아니더라도 옥수수며 콩을 튀겨서 먹기도 하고 강정 같은 과자를 만들기도 했습니다. 간혹 쌀을 튀기기도 하지만 드문 일이었습니다. 먹을 밥도 없는데 쌀을 튀긴다는 것은 부자들에게나 가능한 일이었겠지요. 뻥튀기 아저씨가 "뻥이요!" 하면 '뻥!' 하고 하얀 김이 모락모락 올라오고 다른 곳으로 튀지 말라고 철망으로 만든 자루 속으로 뻥튀기가 들어갑니다. 뻥튀기는 이내 사무 속으로 들어가지만, 용케 바깥으로 튄 것도 있습니다. 그것은 개구쟁이들이나 기다리는 사람들의 몫입니다. 마음씨 좋은 뻥튀기 아저씨는 알뜰하게 담질 않고 대충 남겨 두어서 주위에서 침을 꼴깍꼴깍 삼키며 서 있는 개구쟁이들에게 한 줌씩 나눠주곤 했지요.

뻥튀기에 사카린을 넣으면 단맛이 납니다. 사카린은 설탕보다 300배 이상 단맛을 낸다고 하는데 뻥튀기에 들어가면 뻥튀기에서 단맛이 나는 것이지요. 한두 숟가락 넣어주는 사카린, 단 것에 굶주린 시절이었기에 조금만 더 넣어달라고 떼를 쓰기도 했습니다. 그게 몸에 좋지 않은 것이라는 것도 몰랐죠.

북한에서는 박태기나무라고 하지 않고 '구슬꽃나무'라고 부른답니다. 같은 꽃을 보고도 그 느낌이 달랐겠지요. 콩과의 식물이니 열매를 보고 그 이름을 붙여준다면 구슬꽃나무도 예쁜 이름입니다. 그런데 열매를 본 사람들은 알겠지만, 구슬치기할 정도로 크지도 않고 동글동글하지도 않은 것이 둥글넓적하고 까만 것이 겨우 팥 정도의 크기입니다. 그것으로 구슬치기를 할 수는 없었겠지요. 그런데 그 작은 씨앗이 얼마나 생명력이 좋은지 무성한 나무가 되는 것은 순식간입니다. 자라는 것이 보이지는 않지만 한 해가 다르게 커가는 것이 박태기나무인 것을 보면 꽃만 뻥튀기처럼 터지는 것이 아니라 나무도 그렇게 자라는가 봅니다.

/ 서울에 사시는 어머니도 커다란 화분에 박태기나무를 심어놓으셨습니다. 도시에는 흙이 거의 없어 화분에 심을 수밖에 없었지요. 그런데 한창 클 텐데 화분에 갇혀 더 자라지 못하는 박태기나무가 불쌍하다며 뿌리를 맘껏 펼칠 수 있는 곳에 심어주시겠다고 하셨습니다. 그래서 할머니 산소가 있는 강원도에 옮겨 심기로 했지요. 박태기나무가 강원도로 이사를 하던 날, 결혼식을 하던 해에 친구가 선물해준 은행나무분재도 화분에서 해방시켜 주기로 했습니다. 20년 만의 일이었지요. 대지에 뿌리를 내리고 자라야 제대로 자랄 텐데 화분에 갇혀 사니 얼마나 답답했겠습니까? 지금도 강원도 할머니 산소 곁에는 박태기나무와 은행나무가 옹골차게 자라고 있습니다.

"어머니, 배고플 때 박태기나무에 핀 꽃 따드세요."

할머니 무덤가에 박태기나무와 은행나무를 심은 어머니께서 하신 말씀입니다. 그래서 어머니에게 물었지요.

"정말 먹을 수 있어요?"
"아니, 죽은 사람은 그리움을 먹고, 기억을 먹고 사는 거 아니냐. 손자가 정성껏 심은 것이니 보시기만 해도 배부르실 거야."

/ 꽃이 핀 후에 이파리를 내는 박태기나무, 그 이파리의 모양은 심장 모양이랍니다. 심장 모양은 사랑의 표시입니다. 사랑이 왜 심장 모양일까요? 심장이 멈추면 죽습니다. 그러니 사랑은 생명과도 같다는 의미로 심장의 모양을 상징으로 삼았겠지요. 죽을 만큼 사랑하지 않으면 감히 사랑한다는 말을 함부로 하지 말라는 뜻도 있을 것이고요.

/ 사랑, 말하기는 쉬운 단어인데 살아가기까지는 참으로 어려운 단어입니다.

그러나 사랑은 나누면 아무리 작은 사랑이라도 세상에 가득 넘치게 됩니다.

30

하얀 눈이 소복하게 쌓인 늦봄을 보다

조팝나무

조팝나무란 이름은 '좁쌀을 튀겨 놓은 듯'하여 '조밥나무'라고 불렀는데 이것이 강하게 발음되어 조팝나무가 되었습니다.

조팝나무에 대한 추억, 개떡을 해먹는다고 들로 누님들과 쑥을 캐러 다닐 무렵이면 나지막한 동산에 이밥(쌀밥)처럼 활짝 피어나던 조팝나무의 하얀 꽃을 보곤 했습니다. 쌀밥처럼 하얀 꽃, 언제 우리는 하얀 쌀밥 소복하게 담아 배부르게 먹어보나, 쌀밥 한번 미어지게 먹고 배탈이 나도 행복할 것 같았던 시절이 있었습니다. 그런데 지금 생각해 보면 먹을 것이 귀한 시절이었기 때문에 자연에서 먹을 것을 구하는 지혜를 터득한 것이 고맙기만 합니다. 칡뿌리나 각종 나물과 메꽃 뿌리, 찔레순, 아카시아 순과 꽃, 진달래꽃은 물론이고 버섯, 도토리, 밤, 개암, 개구리 뒷다리, 메뚜기 등등 자연이 주는 먹을거리를 많이 먹고 자랐습니다. 그래서일까? 지금까지도 잔병치레 없이 건강하게 살아가고 있습니다.

사랑하는 사람과

4월 중순 결혼을 했는데 이런저런 사정이 있어 낭일 신혼여행을 가지 못했습니다. 결혼식을 마치고 가까운 산에 올랐습니다. 연록의 잎을 낸 나무들이 산을 물들여 가는 때였지요. 그런데 저 멀리 흰 눈이 내린 듯한 광경이 펼쳐집니다. 이미 겨울은 저만치 가버렸는데 저것이 무엇일까 싶었지요. 조팝나무였습니다. 결혼한 후 세 아이의 아버지가 되었고, 나는 많이 변했는데 조팝나무는 하나도 변하지 않았습니다. 조팝나무가 하얗게 흰 눈 같은 꽃을 피우는 계절이면, 결혼식 날 아내와 함께 조팝나무를 배경으로 찍은 사진이 생각납니다. 바쁜 일상을 살아가다 결혼기념일을 잊었다가도 조팝나무가 피어나면 정신이 번쩍 들지요. 그렇게 변하지 않고 그 자리를 지켜준 조팝나무와 모든 자연이 얼마나 고마운지 모릅니다.

저에게는 이런 꿈이 있습니다.

지금 내가 만나는 들꽃들을 내 아이들이 보고, 또 내 아이들의 아이들, 그 아이들의 아이들이 만날 수 있는 그런 꿈입니다. 간혹 멸종위기에 처한 동식물들에 관한 이야기들이 나오면 참 슬픕니다. 오늘 만나는 이 꽃이 지구 위에 남은 마지막 꽃일지도 모른다는 생각을 할 때면 나도 함께 죄를 지은 것 같은 기분이 들곤 하지요.

이 책을 쓰게 된 이유도 이런 나의 죄를 조금이라도 씻어보고 싶었기 때문입니다. 아무리 자연을 사랑한다고 자처를 해도 그들을 만나러 가는 길에 나도 모르게 그들을 밟고 지나가거든요. 그래도 고마운 것은 그렇게 짓밟힌 풀들이 다시 일어선다는 사실입니다. 그렇게 밟고 지나가기만 하는 것이 아니라, 그들의 죽음을 먹고 살아야 하는 존재로서의 인간이므로 늘 미안하고 감사한 것이지요.

조팝나무에는 이런 이야기가 전해지고 있습니다.

옛날 어느 시골 마을에 수선이라는 효성이 지극한 소녀가 아버지를 모시고 단둘이 살고 있었단다. 그런데 나라에 전쟁이 일어나게 되었고, 아버지는 병사로 징집되어 전쟁터에 나가게 되었지. 그러나 전쟁터에 나간 아버지는 오랫동안 돌아오지 않았고, 적국의 포로가 되었다는 소문이 수선이라는 소녀가 사는 시골 마을까지 들려오게 된 거야.

수선은 남장을 하고 아버지를 찾아 적국으로 갔어. 우여곡절 끝에 적국의 감옥을 지키는 옥리가 되었지. 아무래도 아버지가 적의 포로로 잡혔다는 소문을 들었으니 옥리가 되면 아버지를 쉽게 만날 수 있을 거로 생각했었던 것이지. 그러나 옥에서도 아버지는 찾을 수 없었단다. 수소문 끝에 아버지가 수선이 옥리가 되기 얼마 전 감옥에서 죽었다는 사실을 알게 되었어. 너무 슬퍼 수선은 그 자리에서 아버지를 부르며 울었고, 이 때문에 수선이 적국 사람이요 남장한 여자라는 것이 밝혀지게 되었단다.

그러나 수선의 효성이 적군대장의 마음을 움직여 그는 고향으로 돌아갈 수가 있었단다. 고향으로 돌아가는 길에 적국에 있는 아버지의 무덤가에서 작은 나무 한 그루를 캐 와서 아버지를 모시듯 지극정성으로 키웠단다. 이 나무가 이듬해 봄 아름다운 꽃을 피웠는데 사람들은 그 꽃을 수선국이라고 불렀단다. 수선국은 조팝나무의 다른 이름이란다.

마른 나뭇가지에 자잘한 꽃망울을 잔뜩 달고 어느 날 갑자기 밤새 하얀 눈이 쌓인 것처럼 꽃을 피우는 조팝나무, 봄비 내리면 한창 피어나다 봄바람 불면 그 작은 꽃들이 땅에 하나 둘 쌓입니다. 벚꽃, 그리고 목련, 조팝나무…. 모두 모두 봄날에 소복소복 내리는 눈처럼 내리곤 하지요.

이렇게 떨어지는 꽃들을 보면서 우리 사람들의 삶도 떨어지는 꽃잎과 다르지 않다는 것을 느끼게 되면 떨어지는 꽃잎 앞에서 숙연해지고, 겸손해집니다.

조팝나무의 또 다른 이름은 '설류화(雪柳花)'입니다. 조팝나무라고 부르면, 얼마나 배가 고팠으면 그런 이름을 붙여주었을까 슬프고, 설류화라고 하면 눈처럼 뚝뚝 떨어지는 그의 삶이 떠올라 슬픈 꽃, 그럼에도 불구하고 나무 꽃 중에서 이렇게 옹기종기 모여 화사한 웃음을 지어주는 꽃은 그리 많지 않습니다. 이렇게 꽃은 작고 연약해 보여도 생명력은 엄청나게

강해서 삽목을 해도 잘 자라고, 한 번 퍼지기 시작하면 여간해서는 없앨 수 없다고 합니다. 그런 생명력에 감사하고 또 감사할 뿐입니다.

'그래, 너를 보는 이들 모두가 너처럼 끈질긴 삶을 살았으면 좋겠다. 뽑히고 잘려도 너처럼 살았으면 좋겠다.'

/ 그런 기도를 하며

나의 삶도 그러하기를 소망해 봅니다. 그런 순간순간들이 쌓이고 쌓여 지금의 내가 있으니, 들꽃은 나의 친구이자, 스승입니다. 들풀, 나무, 꽃, 낟알 한 알, 그 속에 들어있는 우주의 신비를 함께 나눠 가질 수 있으면 좋겠습니다. 꽃 한 송이의 무게는 얼마나 될까요? 그 한 송이 꽃에 온 우주가 들어있으니, 우주의 무게만큼이 아닐까요?

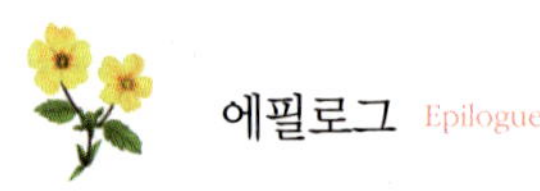

에필로그 Epilogue

갯바위 틈에 피어난 꽃.

길가에 피어난 꽃.

척박한 땅에 피어난 꽃.

한겨울 제철이라 피어난 꽃.

피어나는 꽃만 좋아라 했는데, 싹을 내고, 꽃 피우고, 지고,
열매 맺는 모든 시간이 아름다웠습니다.
피었다 열매 맺지 못하고 떨어지는 꽃,
시들어 버리는 꽃잎, 상처 입은 꽃들 모두 아름다웠습니다.

풀 한 포기, 꽃 한 송이에 들어있는
햇살과 바람과 비와 흙과 물과 하늘과 별과 달.

내게로 다가온 꽃들은 온실에서 자란 꽃이 아니라,
온 우주와 호흡하며 자란 꽃들이며, 상처 입은 꽃들이며,
못 생겼다고 잡초 취급을 받고,
이름이 있어도 '이름 없는'으로 불리는 꽃들이었습니다.

사람도 꽃입니다.

상처 입은 사람, 잡초처럼 천덕꾸러기 취급받는 사람,
이름 없는 무명씨.

나는 그들이 그냥 들판의 풀꽃처럼
자기를 피워냈으면 좋겠습니다.
누가 봐주지 않아도 자기를 피워내는 꽃,
남과 비교하지 않고 피어나는 꽃,
그래서 당당한 꽃으로 피어났으면 좋겠습니다.
잘 가꿔진 화단에서 만나는 꽃보다
수없이 많은 풀꽃들이 피어있는 들이 저는 좋습니다.

그들을 바라보면, 그들의 삶과 내 삶이 다르지 않음을 느낍니다.
그리고 이내 부끄러워집니다.

"나도 너처럼 피어나고 싶다." 나지막하게 그들에게 말을 겁니다.
그러면 그들은 이렇게 대답합니다.
"이미, 충분한 걸요."

자연을 떠난 사람, 흙을 떠난 사람은 행복할 수 없습니다.

이 작은 책이 누군가에게 자연에게 한 걸음 가까이 다가갈 수 있는
디딤돌이 될 수 있다면 좋겠습니다.

2014년 봄을 기다리는 계절에
김 민 수

SPIRAEA PRUNIFOLIA VAR. SIMPLICIFLORA

들꽃도감

An Illustrated Book of Wild Flower

출처 두산세계대백과, www.doopedia.co.kr

양지꽃 Potentilla fragarioides var. major

분류 장미목/장미과/여러해살이풀 **서식지** 볕이 잘 드는 산기슭이나 풀밭

줄기는 옆으로 비스듬히 자라고 높이가 30~50cm이며 잎과 함께 전체에 털이 있다. 꽃은 4~6월에 노란색으로 피고 줄기 끝에 취산꽃차례를 이루며 10개 정도가 달린다. 꽃의 지름은 15~20mm다. 꽃잎은 5개이고 길이 6~10mm의 둥근 달걀을 거꾸로 세운 모양이며 끝이 오목하다.

제비꽃 Viola mandshurica

분류 제비꽃목/제비꽃과/여러해살이풀 **서식지** 들

원줄기가 없고 뿌리에서 긴 자루가 있는 잎이 자라서 옆으로 비스듬히 퍼진다. 잎은 긴 타원형 바소꼴이며 끝이 둔하고 가장자리에 둔한 톱니가 있다. 꽃은 4~5월에 잎 사이에서 꽃줄기가 자라서 끝에 1개씩 옆을 향하여 달린다. 꽃 빛깔은 짙은 붉은빛을 띤 자주색이다.

처녀치마 Heloniopsis orientalis

분류 백합목/백합과/여러해살이풀 **서식지** 산지의 그늘 아래 습기가 많은 곳

꽃은 4~5월에 피며 지름이 2cm 내외이고 연한 홍색에서 자록색으로 변하며, 열매가 성숙할 때까지 남아 있다. 꽃줄기는 4월에 잎 중앙에서 나오고 길이 10~15cm이지만 꽃이 진 후에는 60cm 내외로 자란다. 잎은 무더기로 나와서 꽃방석같이 퍼지고 거꾸로 선 바소꼴이며 녹색으로 윤기가 있다.

복수초 Adonis amurensis

분류 미나리아재비목/미나리아재비과/여러해살이풀 **서식지** 산지의 숲 속

줄기는 윗부분에서 갈라지며 털이 없거나 밑부분의 잎은 막질로서 원줄기를 둘러싼다. 잎은 양면에 털이 없거나 뒷면에 작은 털이 있다. 꽃은 4월 초순에 피고 노란색이며 지름 3~4cm로 원줄기와 가지 끝에 1개씩 달린다. 열매는 수과로 길이 1cm 정도의 꽃턱에 모여 달리며, 공 모양으로 가는 털이 있다.

큰개불알풀꽃 Veronica persica

분류 통화식물목/현삼과/두해살이풀 **서식지** 길가나 빈터의 약간 습한 곳

줄기의 길이가 10~30cm이고 부드러운 털이 있다. 잎은 삼각형 또는 달걀 모양의 삼각형이고, 길이와 폭이 각각 1~2cm다. 꽃의 지름은 8~10cm이고, 좁은 달걀 모양이며 끝은 둔하다. 꽃잎은 4개이고, 앞 쪽의 것이 약간 작다.

할미꽃 Pulsatilla koreana

분류 미나리아재비목/미나리아재비과/여러해살이풀 서식지 볕이 잘 드는 산이나 들

잎은 잎자루가 길고 5개의 작은잎으로 된 깃꼴겹잎이다. 전체에 흰 털이 빽빽이 나서 흰빛이 돌지만 표면은 짙은 녹색이고 털이 없다. 꽃은 4월에 피고 꽃자루 끝에서 밑을 향하여 달리며 붉은빛을 띤 자주색이다. 꽃받침잎은 6개이고 긴 타원형이며 겉에 털이 있으나 안쪽에는 없다.

바람꽃 Anemone narcissiflora

분류 미나리아재비목/여러해살이풀 서식지 높은 지대

줄기는 15~30cm이며 긴 흰색 털이 있다. 줄기 끝에 3개의 잎이 달리고 그 가운데에서 몇 개의 꽃이 산형(傘形)으로 자란다. 꽃은 7~8월에 흰색으로 피고, 꽃잎이 없으나 꽃잎 같은 꽃받침조각이 5개 또는 7개인 것도 있다.

동백 Camellia japonica

분류 물레나무목/차나무과/상록교목 서식지 기후가 따뜻한 곳

동백나무는 밑에서 가지가 갈라져서 관목으로 되는 것이 많다. 나무껍질은 회백색이며 겹눈은 선상 긴 타원형이다. 잎은 어긋나고 타원형 또는 긴 타원형이다. 잎가장자리에 물결 모양의 잔 톱니가 있고 윤기가 있으며 털이 없다. 꽃은 이른 봄 가지 끝에 1개씩 달리고 적색이다.

노루귀 Hepatica asiatica

분류 미나리아재비목/미나리아재비과/여러해살이풀 서식지 산의 나무 밑

잔뿌리가 사방으로 퍼져나간다. 잎은 뿌리에서 뭉쳐나고, 갈라진 잎은 달걀 모양이고 솜털이 많이 나며 4월에 흰색 또는 연한 붉은 색 꽃이 핀다. 꽃 지름은 1.5cm다. 꽃잎은 없고 꽃잎 모양의 꽃받침이 6~8개 있다.

괭이밥 Oxalis corniculata

분류 쥐손이풀목/괭이밥과/여러해살이풀 서식지 밭, 길가, 빈터

높이는 10~30cm이며 가지를 많이 친다. 풀 전체에 가는 털이 나고 뿌리를 땅속 깊이 내리며 그 위에서 많은 줄기가 나와 옆이나 위로 비스듬히 자란다. 잎은 어긋나고 긴 잎자루가 있으며 3갈래로 갈라진다. 꽃은 5~9월에 산형꽃차례를 이루고 잎겨드랑이에서 긴 꽃자루가 나와 1~8개의 노란꽃이 핀다.

족두리풀 Asarum sieboldii

분류 쥐방울덩굴목/쥐방울덩굴과/여러해살이풀 서식지 산의 나무 그늘

뿌리줄기는 마디가 많고 옆으로 비스듬히 기며 마디에서 뿌리가 내린다. 잎은 보통 2개씩 나오고 긴 자루가 있으며 심장 모양으로 너비 5~10cm이고 가장자리가 밋밋하다. 뒷면 맥 위에 잔털이 있다. 꽃은 4월에 홍자색으로 피고 잎 사이에서 꽃대가 나와서 끝에 1개의 꽃이 옆을 향하여 달린다.

토끼풀 Trifolium repens

분류 장미목/콩과/여러해살이풀 서식지 잔디밭, 산자락의 풀밭

포기 전체에 털이 없고, 땅위로 뻗어가는 줄기 마디에서 뿌리가 내리고 잎이 드문드문 달린다. 잎은 3장의 작은잎이 나온 잎이며 잎자루는 길이 5~15cm로서 길다. 작은잎은 3개지만 4개가 달린 것도 있다.

강아지풀 Setaria viridis

분류 벼목/화본과/한해살이풀 서식지 길가, 들

줄기는 20~70cm로 뭉쳐나고 가지를 치며 털이 없고 마디가 다소 길다. 잎의 길이는 5~20cm, 너비 5~20mm로 밑부분은 잎집이 되며, 가장자리에 잎혀와 줄로 돋은 털이 있다. 꽃은 한여름에 피고 꽃이삭은 2~5cm로서 연한 녹색 또는 자주색이다. 작은가지는 길이 6~8mm로 퍼지고 가시 같다.

며느리밑씻개 Persicaria senticosa

분류 마디풀목/마디풀과/한해살이풀 서식지 들

가지가 많이 갈라지면서 1~2m 뻗어가고 붉은빛이 돌며 네모진 줄기와 더불어 갈고리 같은 가시가 있어 다른 물체에 잘 붙는다. 잎은 어긋나고 삼각형으로 가장자리가 밋밋하며 잎 같은 턱잎이 있다. 꽃은 양성(兩性)이고 7~8월에 피며 가지 끝에 모여 달리고 꽃대에 잔털과 선모(腺毛)가 있다. 꽃잎은 없다.

사위질빵 Clematis apiifolia

분류 마디풀목/마디풀과/덩굴식물 서식지 산, 들

길이는 약 3m다. 어린 가지에 잔털이 난다. 잎은 마주나고 3장의 작은잎이 나온 잎이거나 2회 3장의 작은잎이 나온 겹잎이며 잎자루가 길다. 꽃은 7~8월에 흰색으로 피고 지름 13~25mm다. 꽃잎은 없다.

나팔꽃 Pharbitis nil

분류 통화식물/메꽃과/덩굴식물 서식지 길가, 빈터

줄기는 아래쪽을 향한 털들이 빽빽이 나며 다른 식물이나 물체를 왼쪽으로 3m 정도 감아 올라간다. 잎은 어긋나고 둥근 심장 모양이고 잎몸의 끝이 보통 3개로 갈라진다. 꽃은 7~8월에 푸른 자주색, 붉은 자주색, 흰색, 붉은 색 등 여러 가지 빛깔로 핀다. 꽃받침은 5개로 갈라진다.

물봉선 Impatiens textori

분류 무환자나무목/물봉선화과/한해살이풀 서식지 산골짜기의 물가나 습지

줄기는 곧게 서고, 많은 가지가 갈라지며, 높이는 40~80cm다. 잎은 어긋나고 길이 6~15cm의 넓은 바소꼴이며 끝이 뾰족하고 가장자리가 톱니모양이다. 꽃은 8~9월에 붉은빛이 강한 자주색으로 피고 가지 윗부분에 총상꽃차례를 이루며 달리는데, 작은꽃자루와 꽃대가 아래쪽으로 굽는다.

찔레꽃 Rosa multiflora

분류 장미목/장미과/낙엽관목 서식지 산기슭이나 볕이 잘 드는 냇가와 골짜기

높이는 1~2m고 가지가 많이 갈라지며, 가지는 끝 부분이 밑으로 처지고 날카로운 가시가 있다. 잎은 어긋나고 5~9개의 작은잎으로 구성된 깃꼴겹잎이다. 작은잎은 타원 모양 또는 달걀을 거꾸로 세운 모양이다. 꽃은 5월에 흰색 또는 연한 붉은 색으로 피고 새 가지 끝에 원추꽃차례를 이루며 달린다.

보라별꽃 Anagallis arvensis

분류 앵초목/앵초과/한해살이풀 서식지 기후가 따뜻한 바닷가

줄기는 여러 개가 뭉쳐나고 네모지며 가늘고 길이는 10~30cm 정도다. 잎은 마주나고 잎자루가 없으며 길이가 1~2.5cm, 폭이 5~15mm이고 달걀 모양 또는 좁은 바소 모양이다. 꽃은 4~5월에 청색이 강한 자주색 또는 붉은 색으로 피고 잎겨드랑이에서 나온 2~3cm의 꽃자루 끝에 1개씩 달린다.

붓꽃 Iris sanguinea

분류 백합목/붓꽃/여러해살이풀 서식지 산기슭의 건조한 곳

높이는 60cm 내외다. 뿌리줄기가 옆으로 자라면서 새싹이 나와 뭉쳐나며 밑부분에 붉은빛을 띤 갈색 섬유가 있다. 잎은 너비 5~10mm이고 꽃은 5~6월에 피고 자줏빛이며 지름 8cm 정도로 꽃줄기 끝에 2~3개씩 달린다.

패랭이꽃 Dianthus chinensis L.

분류 중심자목/석죽과/여러해살이풀 **서식지** 낮은 지대의 건조한 곳, 냇가 모래땅

줄기는 빽빽이 모여나며 높이 30cm 내외로서 위에서 가지가 갈라진다. 잎은 마주나고 밑부분에서 합쳐져서 원줄기를 둘러싸며 줄모양으로 가장자리가 밋밋하다. 꽃은 양성화로 6~8월에 피고 가지 끝에 1개씩 달리며 붉은색이다.

미나리아재비 Ranunculus japonicus

분류 미나리아재비목/미나리아재비과/여러해살이풀 **서식지** 산과 들의 볕이 잘 들고 습기가 있는 곳

줄기는 곧게 서고 윗부분에서 가지가 여러 개 갈라지며 높이가 50cm이고 흰색 털이 빽빽이 있다. 꽃은 6월에 짙은 노란색으로 피고 취산상(聚狀)으로 갈라진 작은꽃자루에 1개씩 달린다. 꽃받침조각은 5개이고 타원 모양이며 겉에 털이 있고 수평으로 퍼진다.

오이풀 Sanguisorba officinalis

분류 장미목/장미과/여러해살이풀 **서식지** 산이나 들

잎은 어긋나고 깃꼴겹잎이며 뿌리잎은 작은잎이 7~11개이고 잎자루와 작은잎자루가 있다. 꽃은 7~9월에 피고 검붉은색이며 수상꽃차례에 달린다. 꽃받침조각과 수술은 4개씩이고 꽃잎이 없으며 꽃밥은 흑갈색이다.

이질풀 Geranium nepalense subsp. Thunbergii

분류 쥐손이풀목/쥐손이풀과/여러해살이풀 **서식지** 산과 들

줄기가 나와서 비스듬히 자라고 털이 퍼져 난다. 잎은 마주달리고 3~5개로 갈라지며 너비 3~7cm이고 흔히 검은 무늬가 있다. 꽃은 6~8월에 연한 붉은색, 붉은 자주색 또는 흰색으로 피며 지름 1~1.5cm다.

바위채송화 Sedum polystichoides

분류 장미목/돌나물과/여러해살이풀 **서식지** 산지의 바위 틈

가지가 갈라져서 높이 10cm 내외의 포기로 된다. 줄기의 밑부분은 갈색이 돌며 꽃이 달리지 않는 가지에는 잎이 빽빽이 난다. 잎은 어긋나고 길이 0.6~1.5cm, 너비 1.2~2.5mm로 줄 모양이며 육질이다. 꽃은 8~9월에 노란색으로 피고 대가 없다.

며느리밥풀꽃 Melampyrum roseum

분류 통화식물목/현삼과/한해살이풀 서식지 산지의 숲 가장자리

꽃은 7~8월에 붉은 색으로 피고 가지 끝에 수상꽃차례를 이루며 달린다. 잎은 마주나고 길이가 5~7cm, 폭이 1.5~2.5cm이며 좁은 달걀 모양 또는 긴 타원 모양의 바소꼴로 끝이 뾰족하고 밑 부분이 둥글며 가장자리에 톱니가 없다. 줄기는 곧게 서고 가지가 마주나면서 갈라진다.

수선화 Narcissus tazetta var. chinensis

분류 백합목/수선화과/여러해살이풀 서식지 볕이 잘 드는 따뜻한 곳

비늘줄기는 넓은 달걀 모양이며 껍질은 검은색이다. 잎은 늦가을에 자라기 시작하고 줄 모양이며 길이 20~40cm, 너비 8~15mm로서 끝이 둔하고 녹색빛을 띤 흰색이다. 꽃은 12~3월에 피며 꽃자루 끝에 5~6개의 꽃이 옆을 향하여 핀다.

석류 Punica granatum

분류 중심자목/석류나무과/낙엽소교목 서식지 볕이 잘 드는 비옥한 토양

작은 가지는 횡단면이 사각형이고 털이 없으며 짧은 가지 끝이 가시로 변한다. 잎은 마주나고 길이 2~8cm의 긴 타원 모양 또는 긴 달걀을 거꾸로 세운 모양이며 양끝이 좁고 가장자리가 밋밋하며 털이 없고 잎자루가 짧다. 꽃은 양성화이고 5~6월에 붉은 색으로 피며 가지 끝에 1~5개씩 달린다.

박태기나무 Cercis chinensis

분류 장미목/콩과/낙엽관목 서식지 볕이 잘 드는 비옥한 토양

높이 3~5m로 자라고 가지는 흰빛이 돈다. 잎은 길이 5~8cm, 너비 4~8cm로 어긋나고 심장형이며 밑에서 5개의 커다란 잎맥이 발달한다. 꽃은 이른봄 잎이 피기 전에 피고 7~8개 또는 20~30개씩 한 군데 모여 달린다.

조팝나무 Spiraea prunifolia var. simpliciflora

분류 장미목/장미과/낙엽관목 서식지 산과 들, 양지바른 산기슭

줄기는 모여나며 밤색이고 능선이 있으며 윤기가 난다. 잎은 어긋나고 타원형이며 가장자리에 잔 톱니가 있다. 꽃은 4~5월에 피고 백색이며 4~6개씩 산형꽃차례로 달리며 가지의 윗부분은 전체 꽃만 달려서 백색 꽃으로 덮인다. 꽃잎은 달걀을 거꾸로 세운 모양이며 꽃받침조각 뾰족하다.

IRIS SANGUINEA